Zuhause sein

Einrichten für ein kreatives, entschleunigtes Leben

Sue Fan
Danielle Quigley

Aus dem Englischen
von Sabine Kray

ATLANTIK

Die Originalausgabe erschien 2018 unter dem Titel
Do Inhabit im Verlag The Do Book Company, London.

*Atlantik Bücher erscheinen im
Hoffmann und Campe Verlag, Hamburg.*

1. Auflage 2019
Copyright © 2018 by The Do Book Company
Text © 2018 by Sue Fan, Danielle Quigley
Für die deutschsprachige Ausgabe
Copyright © 2019
by Hoffmann und Campe Verlag, Hamburg
www.hoca.de   www.atlantik-verlag.de
Copyright der Photographien: S. 41, 44, 47, 49, 86, 89, 122
© Sue Fan, S. 13, 21, 77, 80, 96, 116 © Jeska Hearne,
Dean Hearne, S. 78, 103, 136 © Danielle Quigley,
S. 100 © Helena Price, S. 138 © Damien Noble Andrews
Umschlaggestaltung: © James Victore
Satz: fuxbux, Berlin
Gesetzt aus der Gazette LT und der DIN OT
Druck und Bindung: Friedrich Pustet, Regensburg
Printed in Germany
ISBN 978-3-455-00590-5

HOFFMANN
UND CAMPE

Ein Unternehmen der
GANSKE VERLAGSGRUPPE

Inhalt

Prolog

Du kommst zur Tür herein, ziehst deine Schuhe aus, legst deine Tasche auf die antike Gebetsbank und deinen Schlüssel in den Flechtkorb, hängst deine Jacke über den Messingelefanten an der Wand und möchtest das Haus am liebsten nicht mehr verlassen. In der Luft hängt der leichte Duft von Zedern. Du schaust hoch zum Ölgemälde an der Wand. Die Stehlampe in der Ecke wirft feine Schatten und taucht den Raum in warmes Licht. Unter deinen Füßen spürst du den weichen Perserteppich, dessen Blau bereits ein wenig verblichen ist, und langsam nehmen deine Sinne die Details wahr, die aus diesem Haus dein Zuhause machen. Kiefernscheite liegen gestapelt im selbstgebauten Feuerholzregal neben dem lodernden Holzofen; Eukalyptus ragt wild und elegant aus einer Milchglasvase. Von den Tischen leuchten Farbakzente. Bilderrahmen und kleine Dinge locken mit Geschichten. Der Raum weist unterschiedliche Texturen auf, von den Wandbehängen bis hin zu den Sofakissen. Alles ist bewusst platziert, schönes Design in jedem Winkel. Ein Zuhause, das belebt und geliebt wird. Es fühlt sich intim, einladend und gut an, aber es überfordert seine Besucher nicht. Hier und da stehen Pflanzen. Bücherstapel neben dem Sessel, Decken auf gepolsterten Hockern. Achtsamkeit und Schönheit kommen überall zum Vorschein.

Willkommen

Anleitung zum Leben.
Sei achtsam. Lass dich verzaubern.
Erzähle davon.

‑‑‑‑‑‑‑‑

Mary Oliver

Wir lieben es, nach Hause zu kommen. Wir lieben die einladende Natur von Räumen, die mit großer Sorgfalt und Stil eingerichtet wurden. Wir lieben es, unsere Schuhe, Hundeleinen und Taschen jeden Tag am selben Ort zu platzieren. Mit unseren Habseligkeiten legen wir gleichzeitig auch die Mühen des Tages ab. Wir erhaschen einen Blick auf eine gerahmte Bilderserie aus einem Fotoautomaten, den von Flechten überwucherten Stock, den wir am letzten Wochenende beim Spazierengehen gefunden haben, oder die Luftpflanzen auf dem Fensterbrett. Wir werden vertraut mit den Dingen, die uns umgeben, lassen Ruhe einziehen und sind dankbar für diesen Ort, den wir nach unseren Wünschen gestaltet haben. Es tut gut, zu wissen, an welchem Ort wir uns am liebsten befinden. Ein Ort nur für uns, an dem wir loslassen können.

Unser Zuhause und unser Stil sind Ausdruck davon, wer wir sind. Menschen werden über ihr Zuhause erfahrbar. Charakter, Persönlichkeit und praktische Veranlagungen gehen hier eine Verbindung ein. Wir sind auf besondere Art und Weise mit den Räumen verbunden, die wir bewohnen. Sie berühren uns – und alle, die Zeit mit uns verbringen. Sie verändern unsere Herangehensweise an unser tägliches Leben.

Die Gestaltung eines Raumes beginnt damit, dass wir entscheiden, wie wir darin leben wollen.

Zuhause schlagen wir Wurzeln und nehmen Kontakt auf – mit uns selbst und unseren Familien, Partnern, ja sogar unseren Tieren. Es ist ein Ort des Auftankens und des Wachsens. Ein Schutzraum für alles, was wir lieben, und jeden, den wir lieben. Ein Ort für die Dinge, die wir sammeln, und die Gegenstände, die wir auf unserem Weg gefunden haben. Sie bilden ein Gewebe aus Geschichten und Erinnerungen. Umgeben wir uns mit den Dingen, die uns Freude bringen und uns erden, bringen wir Gelassenheit und Bewusstsein in unsere Räume. Unsere Sinne brauchen einen Raum, um angeregt zu werden – und zur Ruhe zu kommen. Adressen ändern sich, Geschmäcker entwickeln sich, aber unser Zuhause sollte immer eine Stätte der Zuflucht sein.

Du magst in einer Scheune oder einer Hütte leben, in einer Stadtwohnung oder sogar auf einem Boot. Das Gefühl, das ein Raum in uns auszulösen vermag, ist keine Frage der Quadratmeter. Kreativität und Aufmerksamkeit wirken nicht nur in unseren privaten Räumen, aber hier kann man anfangen. Schaffe einen Raum, in dem all jene Dinge Platz finden, die dir helfen, freier zu denken und dich ungeniert auszudrücken. Wo du entspannen, meditieren, Gäste empfangen, lesen und arbeiten kannst. Wohlbefinden beginnt da, wo du schläfst, isst und lebst. Was du hier in den Händen hältst, soll dir helfen, einen solchen Ort zu schaffen. Weniger Lärm, mehr Erde; weniger Haus, mehr Zuhause.

Unsere Geschichte

Wir sind zwei Freundinnen, die einen ähnlichen Geschmack haben, aber ansonsten kaum unterschiedlicher sein könnten. Was uns eint, ist eine tiefe Liebe zu allem, was schön ist, durchdacht, wild, mit voller Absicht. Wir lieben die Geschichten, die sich dahinter verbergen.

Unsere Freundschaft beginnt da, wo all diese Dinge zusammenkommen. Wir sind einander vor fünfzehn Jahren begegnet, als wir beide als Fotografinnen auf der Jagd nach dem Eis in der Antarktis unterwegs waren. Wir fotografieren leidenschaftlich gern und lieben dieselben Dinge: ausschweifende Landschaften, Naturwunder und handgemachte Kostbarkeiten. Diese Liebe begleitet uns bis heute.

Bei der Arbeit und dem täglichen Leben. Eine Reise ans Ende der Welt ist nichts für schwache Nerven. Wir haben auf Gletschern gezeltet, sind durch die Drakestraße gesegelt und haben von unseren Zodiac-Booten aus dabei zugesehen, wie Eisberge donnernd auseinanderbrachen und in den Ozean stürzten. In diesen Augenblicken zwischen Magie und Abenteuer träumten wir von einem Leben voller Schönheit. Während wir durch diesen wilden Kontinent stapften und durch kleine Städte in Argentinien und Uruguay, nahmen wir jene Dinge mit, die diese Welt für uns zu dem machen, was sie ist: Lebensmittel vom Bauern, einzigartige kleine Kiesel, handgemachte Keramik, Dinge aus Papier und regionale Musik.

Beim Leben und Arbeiten achten wir darauf, Räume und Dinge schön, einzigartig und lebendig zu gestalten, denn wir sind süchtig nach der sinnlichen Schönheit der Wildnis. Also haben wir Wild Habit geschaffen – eine Marke für Lifestyle, ein Unternehmen für Design. Wild Habit steht für das, was wir sind und wer wir sein möchten. Die Natur und ihre Jahreszeiten inspirieren uns immer wieder aufs neue. Wir lieben es, Produkte und Räume zu schaffen, die das widerspiegeln. Wir glauben fest daran, dass eine getrocknete Mohnhülse im Winter ebenso atemberaubend schön ist wie zur Blütezeit im Sommer. Wir hoffen, dass alle die Schönheit der Natur erkennen werden und Sorge dafür tragen, dass sie erhalten bleibt. Wir verbinden Nachhaltigkeit mit handgemachten Produkten, Styling und Schmuck. Mit unseren Erlösen pflanzen wir Bäume, weil wir davon überzeugt sind, dass unser ganzes Leben auf einer Balance zwischen Geben und Nehmen basiert. Seit einer Weile gestalten wir jeden Sommer die Do Lectures in Wales und Kalifornien. Räume zu schaffen, in denen alles zusammenkommt, was wir lieben, ist unser Traumjob. Unsere Herzensangelegenheit. Jedes Detail ist uns wichtig.

Prutsen

Wir haben ein Lieblingsfremdwort. Wir finden *Hygge* schon toll, aber *Prutsen* noch viel toller. Grob übersetzt bedeutet es, etwas zu tun, was nicht wirklich wichtig ist, nach Arbeit aussieht, aber keine ist. Für uns wiederum ist es sehr wichtig – nicht weltverändernd im engeren Sinne, aber für das Erleben unserer Welt (und hoffentlich deiner) spielt es doch eine große Rolle. Der Kopf wird frei, indem man kleine Dinge ein bisschen hin und her schiebt, wenn man auf einem Spaziergang einen Gegenstand aus der Natur mitnimmt, ihn in eine Vase stellt oder dekorativ in einer Schüssel arrangiert. Wir *prutsen* Kleinigkeiten, weil es unser Herz erwärmt und uns inspiriert. Es ist unglaublich, wie viel Zeit man damit verbringen kann, Dinge hierhin oder dorthin zu stellen. Man kann es eben machen, während die Kinder ihren Mittagsschlaf halten, oder nach einer langen Woche anstrengender Arbeit einen ganzen Tag damit

verbринген. Die Freude am *Prutsen* liegt in der damit
verbundenen Spontaneität. Statt den eigenen Stil in
einem einzigen Rutsch zu entwickeln, kann man ihn
langsam wachsen lassen. Öffne deine Augen, achte
auf Details, mache eine Art Spiel daraus. Du wirst bemerken, dass jede Kleinigkeit von Bedeutung und
gleichzeitig doch keine große Sache ist. *Prutsen* bedeutet, einen neuen Ort für eine Pflanze zu finden,
wenn sie zu blühen beginnt, eine Nische für ein Teil
vom Kunstmarkt oder endlich mal wieder Zeit zu
finden, das Bücherregal aufzuräumen. Im besten Fall
ist *Prutsen* einfach und erfüllend.

Am Ende werden es die Details sein, die aus deinem
Haus ein Zuhause machen – und wir haben ein ganzes
Kapitel zu diesem Thema geschrieben, denn mit deiner
Kunst, deinen Bildern und Sammlungen wirst du Ge-
schichten erzählen. Was du draußen in der Natur ge-
funden hast, wird dich dazu ermuntern, deiner Umwelt
Aufmerksamkeit zu schenken. Den eigenen Stil kann
man nicht kaufen.

Selbsterkenntnis geht dem Einrichten voraus. Der
Ort, an dem du deinen Tag beginnen und an dem du
dich auch wieder zur Ruhe legen möchtest, ist wichtig.
Wir werden dir ein paar Grundregeln an die Hand geben, die dir dabei helfen, die Dinge, die du liebst, in die
Gestaltung deiner Räume einfließen zu lassen. Es liegt
dann an dir zu entscheiden, wie deine Räume aussehen
sollen. Wir möchten dir dabei helfen zu entscheiden,
wie sie sich anfühlen sollen.

Bedenke, dass keine Mühe,
Schönheit zu schaffen,
je vergeblich ist.

———————

Helen Keller

Kein Wegweiser, kein Ratgeber
führt uns zum eigenen Stil
Es geht um Selbstentfaltung und
– vor allen Dingen – Haltung.

Iris Apfel

Zu behaupten, man habe Stil, kann sich ein wenig prätentiös anhören, aber wir glauben nicht, dass es das ist. Unserer Auffassung nach geht es bei wahrem Stil darum, die Dinge zu finden, die uns gefallen, sie zu zeigen, ohne dass sie uns bestimmen. Dein Stil sollte dein inneres, gänzlich unverzagtes Selbst reflektieren.

Viele Menschen leben in Räumen, deren Gestaltung rein gar nichts mit ihnen selbst zu tun hat. Wir wollen dich daran erinnern, du selbst zu sein – und dir dabei helfen, dich daran zu halten, sogar wenn du deine Räume mit anderen teilst. Sei aufmerksam, lass los, reflektiere und entdecke, wie dein Zuhause deine Eigenarten, deine Freuden, deine Geschichte und deinen Stil abbilden kann.

Unser Stil

Ein Besuch bei uns beiden zuhause würde viele Ähnlichkeiten offenbaren. Wir lieben Kupfer und Holz. Wir lieben Antiquitäten, modernes Mobiliar aus der Jahrhundertmitte und alte Küchenutensilien. Wir lieben wildgetrocknete Pflanzen und Fundstücke aus der Tierwelt. Es gibt aber auch eine Menge Unterschiede. Das ist das Schöne an Stil. Man kann viele ähnliche Dinge mögen, ja sogar dieselben Dinge besitzen und sie doch anders inszenieren. Keine zwei Zuhause werden gleich aussehen, weil es auch keine zwei Menschen gibt, die einander vollkommen gleichen.

Was uns gefällt

DQ: Es ist nicht jedermanns Sache, aber ich mag Kram. Meine Fensterbänke sind voller Schätze, auf den meisten Vorsprüngen findet sich etwas Lebendiges und etwas Glitzerndes. Meine Wände müssen dauernd neu gespachtelt werden, weil die Kunst an den Wänden ständig in Bewegung ist. Ich mag es, Dinge eine Weile lang auszuprobieren, bevor ich entscheide, wo ihr endgültiger Platz sein wird, ganz besonders, wenn es um Stühle geht: Wenn ich eine Form sehe, die mir gefällt, kaufe ich das Teil, ohne zu zögern, und überlege mir später, wo ich es hinstelle. Manche Dinge bleiben jahrelang – ein Zweig an der Wand, etwas Humorvolles im Badezimmer, Tafeln neben der Haustür oder ein Schaffell, das einmal über ein Möbelstück gebreitet wurde – andere sind ständig in Bewegung, bevor sie schließlich verkauft werden, um Platz für etwas Neues zu schaffen. Ich mag es, meine schönsten Kleider an die Tür zu hängen und meinen Schmuck da aufzubewahren, wo er sichtbar ist, meine Lieblingsteile auch zu zeigen.

Es macht mir unheimlich viel Freude, Dinge zweckentfremden zu können – einen Bonbonteller für Hundeleckerlies, eine Glasglocke auf der Küchentheke, unter der immer frische Backwaren liegen, ein Stuhl als Beistelltisch, eine Zigarrenkiste für Servietten. Ich suche immer nach speziellen Dingen, die ich für einen anderen Zweck verwenden kann – alte Kistchen, ein Telefontisch, eine bewegliche Bar. Ich kaufe häufig neue Stühle und sortiere die alten aus. Auf den meisten Oberflächen findet sich ein Blickfang, dazu etwas Lebendiges.

Wenn ich etwas sehe, das mir gefällt, werde ich auch einen Platz dafür finden, was dazu führt, dass die Dinge ständig neu zusammengewürfelt werden, wobei sich Farben und Texturen miteinander vermischen. So entwickelt sich mein Stil immer weiter.

SF: Als Food Stylistin und Requisiteurin habe ich eine Schwäche für alte Kochsachen, Keramik, nützliche Utensilien, Werkzeuge und Textilien. Jeder hölzerne Löffel in meinem alten Tontopf hat eine Geschichte und seinen eigenen Zweck. Meine liebsten Kochbücher stapeln sich in der Küche. Meine Regale sind voller Glasgefäße, in denen ich Körner, Nüsse, Samen, Mehlsorten aufbewahre, oder was auch immer ich gerade fermentieren lasse. Jede Schublade, jedes Regalbrett ist durchdacht. Meine Schneidebretter stehen auf der Küchentheke, wo man ihre schöne Maserung bewundern kann. Ich liebe Sammlungen, an denen ich mich nicht sattsehen kann. Ich reise häufig und ziehe oft um, sodass ich versuche, nur Dinge zu erwerben, die schöne Erinnerungen wecken oder nützlich sind. Das können gefundene Steine sein, gepresste Blumen oder gerahmte Postkarten. Wenn ich doch einmal etwas kaufe, handelt es sich meistens um eine Decke, ein Küchenhandtuch oder ein Buch. Ich liebe Holz, Messing, Kupfer, Keramik und die meisten alten und bäuerlichen Dinge. Ich mag vielseitige Möbel, die sich gut bewegen, stapeln oder zusammenklappen lassen (es macht solche Freude, diese Dinge zu finden). Ich hebe auch alte Briefe gern auf. Ich versuche, immer Platz an einer Wand oder seitlich an einem Schrank zu lassen, um Liebesbriefe daran zu pinnen – von allen Wegen meines Lebens und all den wunderbaren Menschen, die mir dort begegnet sind. Es gibt nichts Schöneres als eine handgeschriebene Botschaft. In der Vergangenheit habe ich immer eine gepackte Tasche besessen, da ich gefährlich nah an Waldbrandgebieten lebte. In dieser Tasche lagen Liebesbriefe und Karten, dazu alte Fotos und ein paar Holzlöffel. Am meisten liebe ich Dinge, die Nachhaltigkeit, Schönheit oder Empathie mit sich bringen und dabei nützlich und lebendig sind.

Unsere Heime

DQ: Ich erinnere mich noch genau daran, wie ich das erste Mal bei Sue Fan zuhause war und sich alles sofort nach ihr anfühlte. Es wäre erstaunlich gewesen, wenn es nicht so gut gepasst hätte. In einem wunderschönen, mit trockenem Reis gefüllten Messingtellerchen brannte ein Räucherstäbchen (ich besorgte mir umgehend denselben Duft und begab mich auf die Suche nach dem perfekten Tellerchen), überall im Raum gab es Fotografien, Koch- und Designbücher stapelten sich wohldurchdacht, aber lässig auf dem Boden (jede Menge zum Anschauen, wenn ich mal Ruhe brauchte).

Gerahmte Kunst hing perfekt platziert an den Wänden, zwischen einem Manzanita-Zweig und an die Wand gepinnten Postkarten (einige davon waren sogar von mir!). Wo ich auch hinsah, gab es etwas, das mein Interesse weckte, darunter viele kluge Alltagslösungen (zum Beispiel die hübsche Schale, in der sie ihre Geschirrbürsten und Schwämme aufbewahrte – warum war ich noch nicht selbst darauf gekommen?). Ihr Zuhause spiegelt ihre Persönlichkeit wider – unglaublich absichtsvoll und doch lässig genug, um einladend zu sein; hochgradig stimulierend und dabei unglaublich beruhigend. Genau darin besteht guter Stil, er kann reflektieren, wer wir sind. Ich habe mir bei Sue viele Dinge abgeschaut, und trotzdem sieht es bei mir zuhause ganz anders aus. Auch ich habe einen Manzanita-Zweig, aber bei mir hängt Schmuck daran. Es ist erstaunlich zu sehen, was sich bei all ihren Umzügen verändert hat und was an all diesen Orten gleich geblieben ist.

SF: Danielle verschönert alles. Sie möchte, dass die Schönheit sich überall ausbreitet. Sie ist nicht etwa pingelig, aber alles, was sie besitzt, ist sorgfältig ausgewählt und zum Teilen da. Wenn du bei ihr auf der Couch sitzt, wird schon bald eine hübsche Schale mit Nüssen und Schokolade auf dem Sofatisch auftauchen. Als Nächstes wirst du einen Cocktail in der Hand halten, serviert im perfekten Vintage Glas. Im Hintergrund wird die perfekte Musik laufen. Du wirst dich wohl und umsorgt fühlen, und dich nie sattsehen, denn es gibt ständig etwas Neues zu bewundern, sei es ein Möbelstück, ein Kunstwerk, eine neue Wandfarbe oder Baumstümpfe vom Nachbarn. Ihr Leben ist wie eine Galerie mit wechselnden Ausstellungen, ihr Wunsch nach Neuem ist unersättlich. Guter Humor gehört immer dazu, sowie natürlich auch faszinierende und lebendige Objekte. Das Beste an ihrem Haus ist, dass nichts zu kostbar ist. Natürlich hat alles seinen Wert, jedes einzelne Ding ist bezaubernd, aber ihr Zuhause ist zum Leben da. Es ist unheimlich erfrischend und steckt voller Sinnlichkeit.

Wenn Du ohne Flügel
auf die Welt gekommen bist,
versuche nichts zu tun,
was sie am Wachsen hindern könnte.

———————

Coco Chanel

Es ist toll, jemanden zu finden, der dich inspiriert. Es ist der beste Weg zu deinem persönlichen Gefühl für Stil. Finde diese Menschen. Verbringe Zeit mit ihnen. Gib acht, was sie tun, und lass dich inspirieren. Schau, was dir an ihren Räumen gefällt, und bringe deine Wertschätzung zum Ausdruck, indem du es imitierst. Stelle bloß sicher, dass du deine eigene Note mit einbringst. Vielleicht gefallen dir die Steine, die sie als Türstopper verwenden. Oder Stöcker, als Kunst. Tu das Gleiche. Es kann nie dasselbe sein, weil du nicht den denselben Stein finden wirst. Oder denselben Stock. Oder dieselben antiken Gläser. Oder Regale. Das ist einer der Gründe, warum wir die Menschen ermuntern, sich in die Natur und in Gebrauchtwarenläden zu begeben. Die Dinge, die wir dort finden, sind meistens einzigartig. Entdecke die Freude an diesem Prozess und natürlich am *Prutsen*.

Wie wir gestalten – Die Do-Lectures

Wenn wir mit der jährlichen Planung für die Do-Lectures beginnen, fällt es schwer, sich nicht von ihren Ausmaßen überwältigen zu lassen. Bei den Do-Lectures handelt es sich um eine unheimlich inspirierende Reihe von Vorträgen, die auf einer alten Farm in West Wales stattfinden. Die Scheunen dort beherbergen kein Vieh mehr, doch ihre Fundamente sind solide, genau wie die des alten Hühnerstalls, in dem sich nun das Hauptquartier der Do-Macher befindet. Aus dem alten Kuhstall wird der Saal für die Vorträge, und die Mahlzeiten werden in der alten Maschinenhalle eingenommen. Im alten Eselstall befindet sich nun die Bibliothek, wo auch Whiskey serviert wird. Unter den Wohnräumen der Gründer David und Clare Hieatt befindet sich eine nicht mehr so geheime Gin-Bar. Auf zwei unbestellten Feldern werden die Teilnehmer und Sprecher untergebracht, sie übernachten in Rundzelten aus Stoff oder in Tipis, und weil die Farm sich auf einem Hügel befindet, bietet sich den Gästen ein Rundumblick über die Cardigan Bay und über das Meer. Die Landschaft beinhaltet fast jede Schattierung von Grün. Es ist ein idyllisches Wunderland.

Unsere Arbeit besteht darin, diesen wunderschönen Ort noch schöner zu machen. Es ist unser Ziel, nicht nur die Räume aufzuwerten, sondern vor allen Dingen die Beziehung, die jeder einzelne Besucher mit ihnen eingeht.

Wir beginnen unsere Arbeit bei dieser Veranstaltung, an der jedes Jahr mehr als hundert Do-Fans teilnehmen, wie jedes andere Projekt. Wir nähern uns der Gestaltung, wie wir es auch im eigenen Zuhause tun würden. Wir schauen uns die Räume an, stellen fest, welche Vorzüge sie haben, und sehen, womit wir arbeiten können. Dann überlegen wir uns, wofür die unterschiedlichen Räume genutzt werden sollen und wie wir das meiste aus ihnen herausholen können.

Jeder Raum sollte Ideen, Veränderung und Tun fördern. Auf diesem Bauernhof geschehen dann auch viele magische Dinge. Die Transformation lässt sich kaum nachvollziehen, wenn man nicht eine Woche früher da war. Am erstaunlichsten finden wir, wie sich die Scheune, die den Speisesaal beherbergt, und die geheime Gin-Bar verändern.

Der Speisesaal

Die Wände des Speisesaals sind weiß getüncht und von Ritzen und jahrhundertealten Holzbalken durchzogen. Es gibt lange hölzerne Tische und Bänke, die den Raum füllen. Da sich auf dem Boden keinerlei Platz mehr findet, fokussieren wir uns gestalterisch auf die Wände und die Deckenbalken, wobei wir vor allen Dingen mit Farnen, Moos und Flechten arbeiten, die sich in diesem

Teil von Wales an jeder Ecke finden lassen. Die Hieatts und ihr kleines Team von Küchenpersonal und Gärtnern bauen auf den Feldern eine Vielzahl von Blumen, Gemüsesorten und Kräutern an. Das ist unser Spielplatz. Wir verwenden alte Dachziegel als Tafelaufsätze, darin arrangieren wir moos- und flechtenbedeckte Stöcke und Teelichter, dazu Steine vom nahegelegenen Strand und alte englische Milchflaschen als Vasen für frisch geschnittene Blumen. Lichterketten hängen von den Wänden, und unsere handgemachten Birken-Gehänge schmücken die Balken. Wir stecken frisch geschnittene Zweige aus der Umgebung in die Risse in der Wand und drapieren sie auch in allen Ecken, um das Außen einzulassen. All das fördert die Identifikation mit diesem Ort. Wo möglich, verwenden wir Kräuter, um ein olfaktorisches Gestaltungselement mit einzubringen, denn bei unserer Arbeit berücksichtigen wir stets alle fünf Sinne. Wir hoffen, dass diese natürlichen Elemente sich subtil und elegant anfühlen. Mit der Unterstützung eines kleinen, aber fähigen Teams wird der Speisesaal zu einem wunderschönen Ort. Alle sitzen dicht beieinander, der ganze Raum wird in warmes Licht getaucht und das Essen wird von großartigen Köchen zubereitet, die sich darum kümmern, dass jeder einzelne Teller ein köstliches Erlebnis ist. Bei Wein und Halen Môn Meersalzflocken auf dem Essen wird über die wild wuchernden Tafelaufsätze hinweg ausgiebig geplaudert. Der Ort bietet auch während der Mahlzeiten den idealen Raum für Offenheit und Aufmerksamkeit.

Die geheime Gin Bar

Die geheime Gin Bar ist zunächst einmal ein ziemlich feuchter alter Keller, der den größten Teil des Jahres leer steht, und so braucht er eine gründliche Reinigung durch die großartigen Do-Freiwilligen, bevor wir beginnen können. In den diamantförmigen Weinregalen schaffen wir eine lebende Wand, voll von frischen Kräutern. Schon beim Eintreten wird man von den feinen Düften von Rosmarin, Minze, Thymian und Salbei begrüßt. Die einzigen Lichtquellen sind eine kleine Hängeleuchte und Kerzen. Man kann es durchaus als stimmungsvoll bezeichnen. Jeden Abend brennen mindestens fünfzig Kerzen, den ganzen Abend lang läuft Musik. Dazu gibt es luxuriöse Vintagestühle aus rotem Samt und eine hellgrüne Chaiselongue. Alte Perserteppiche sind über den Zementboden verteilt.

Vintage Gläser, Armleuchter und Beistelltische finden sich in jedem Winkel. Am Ende möchten wir ein echtes Wohnzimmergefühl erreichen – gemütlich, einladend, bereit für Unterhaltungen und geselliges Trinken. Stühle stehen dicht beieinander, um Intimität zu gewährleisten, darüber hinaus gibt es genug Gelegenheiten, Gläser abzustellen. Hier unterhält man sich bis in die Morgenstunden bei köstlichem Gin. Wir lieben die Kombination aus Stil und Raffinesse in dieser alten Scheune.

Wenn wir Orte gestalten, an denen sich Menschen begegnen, hoffen wir, dass die Beziehungen, die dort entstehen, ebenso lange halten wie die alten Gebäude, in denen diese Begegnungen stattfinden. Und mindestens halb so wild und schön sind.

Räume gestalten

Nun, da du ein Gefühl für deinen persönlichen Stil bekommen hast, sollten wir uns ansehen, wie man sich einem neuen Raum nähert. Dazu noch einige praktische Tipps für den Anfang.

Räume das Zimmer leer und denke darüber nach, was die Wünsche und Bedürfnisse sind, die du mit diesem Raum verbindest. Wozu wird er tatsächlich gebraucht? Die folgenden grundsätzlichen Ratschläge können auf fast jeden Raum angewendet werden. Im nächsten Kapitel kommen wir dann zur Raum-für-Raum Gestaltung. Beginne mit dem Offensichtlichen. »Dies ist mein Wohnzimmer. Ich habe eine Couch und einen Fernseher, einen Sofatisch und eine Bodenlampe.« Doch dann solltest du darüber nachdenken, wie du den Raum nutzen möchtest und wie du ihn gemütlicher und wärmer wirken lassen kannst. Denke darüber nach, welche Design-Elemente du miteinbeziehen möchtest.

Mache eine Bestandsaufnahme der wesentlichen Gegenstände. Vergiss für einen Moment, wo die Dinge stehen sollen. Sieh dich um und stelle fest, welche Vorzüge der Raum hat: beispielsweise Fenster, eine Wand mit offenen Backsteinen. Wie kannst du diese in Szene setzen? Denke über die Fenstergestaltung, die Regale, die Kunst und Pflanztöpfe nach. Befasse dich mit den praktischen Aspekten: Wann gelangt Licht in den Raum und aus welcher Richtung kommt es? Wo sind die Türen und Steckdosen? Dann frage dich, wo du den meisten Nutzen aus Licht und Stromquellen ziehen kannst, ohne dass die Möbel die Durchgänge blockieren, Licht sich im Fernseher spiegelt oder einen Holztisch ausbleicht.

Denke darüber nach, wie du den Raum nutzen möchtest. Möchtest du einen kuscheligen Winkel schaffen, einen Ort, an dem sich die ganze Familie für Spiele- oder Filmabende versammelt? Denke an das Gesamtgefühl des Raumes – sollte er still sein? Oder ernst? Oder spielerisch? Denke darüber nach, was einen Raum gemütlicher macht – Fußhöckerchen, Bodenkissen, Beistelltische. Wo kann man Dinge abstellen oder Gegenstände unterbringen, die täglich benutzt werden, wie eine Fernbedienung oder eine Lesebrille?

Nach dem praktischen Teil ist es an der Zeit, Lieblingsgegenstände zu identifizieren. Dabei kann es sich um Kunst handeln oder auch um ein kleineres Möbelstück oder einen Teppich. Es ist okay, die Dinge erst einmal hinzustellen, um zu sehen, ob sie an die entsprechende Stelle passen und dortbleiben sollen. Bewege die Dinge ein bisschen, stelle sie auf, bekomme ein Gefühl dafür, wie es sich anfühlt. Stelle fest, was fehlt – Licht, Gewicht, Höhe, eine Trennung im Raum – und fülle diese Lücke. Verwende Licht, um Tiefe und Wärme zu erzeugen. Bringe eine hohe Pflanze in den Raum, um das Auge zum Schweifen zu animieren. Füge einen Farbklecks hinzu, der sich von den zwei dominanten Farben abhebt.

Wenn es im Raum vor allen Dingen Holz und neutrale Töne gibt, lohnt es, einen leuchtenden Farbakzent zu setzen – ein Stück Stoff oder ein Gemälde. Die Zahl Drei spielt eine wichtige Rolle in allem, was mit Gestaltung zu tun hat, von der Fotografie zur Mode bis hin zum Styling. Drei Gegenstände ergeben ein Muster in unserem Gehirn, das ein Gesamtbild schafft. Schaffen Interesse und Verbindlichkeit. So ist es immer sinnvoll, drei Gegenstände zu gruppieren oder drei Drucke Seite an Seite zu hängen.

Kunst hängen

Regeln sind dazu da, gebrochen zu werden, aber sie können wunderbar zur Orientierung dienen. Räumliches Bewusstsein ist nicht bei jedem vorhanden, und manchmal wissen wir einfach nicht, warum sich etwas nicht ganz richtig anfühlt. Oftmals liegt es daran, dass wir die Regeln nicht kennen oder uns nicht an sie erinnern. In einer Galerie wird Kunst auf der durchschnittlichen Augenhöhe gehängt, aber bei uns zuhause wünschen wir uns vor allen Dingen, dass es sich über dem Sofa gut macht. Versuche, der Kunst mindestens 25 cm Abstand zum darunter befindlichen Möbelstück einzuräumen (für horizontale Arbeiten darf es ein klein wenig mehr sein, etwas weniger für vertikale).

Natürlich hängt das auch von der Höhe der Decken ab, denn es sollte auch Raum für ungenutzte Flächen bleiben. Ist das Kunstwerk zu groß, kann der Raum zu eng oder erdrückend wirken. Und wird die Kunst zu hoch gehängt, kann sie einen schwebenden Eindruck vermitteln. Es kommt auf die Balance an. Ein Kunstobjekt sollte nicht länger sein als der Gegenstand, über dem es hängt. Selbst eine Wand, an der eine Reihe von Bildern hängt, sollte eine Mitte haben und nicht komplett bedeckt sein. Will man mehrere Kunstwerke nebeneinander hängen, sollte zwischen zwei Objekten stets ein Abstand von 5 bis 12 cm bestehen.

Oftmals geht es ums Gefühl, aber es ist wichtig, der Kunst auch Raum zum Atmen zu geben. Lass ausreichend Abstand zwischen dunkleren Stücken. Kombiniere Malerei mit Fotografie, gerahmten Stoffen und Schaukästen mit interessanten Gegenständen. Wenn du jemand bist, der das *Prutsen* liebt, kannst du verschiedene Ebenen schaffen, indem du kleinere Kunstwerke vor größere stellst. Eines an das andere gelehnt, kannst du sie auf dem Regal oder am Boden arrangieren.

STIL

So lässt sich wunderbar Tiefe herstellen und gleichzeitig Raum für Veränderung freihalten. Lass das
Ganze absichtsvoll aussehen, indem du sicherstellst,
dass keines der Bilder beträchtlich kleiner ist als die
anderen. Verwende Regale, wenn du es flexibel magst.

Tischhöhe

Eine der wichtigeren Einrichtungsregeln betrifft die
Tischhöhe. Vor allen Dingen halten wir es für wichtig,
dass Tische zweckmäßig sind. Beistelltische sollten
ebenso hoch sein wie die Armlehne des Sofas oder
auch ein wenig niedriger. Bedenke, dass du hier auch
eine Tischlampe unterbringen möchtest, vielleicht
einen Stapel Bücher und dass du möglicherweise Platz
brauchst, um dein Getränk abzustellen. Ein Beistelltisch sollte zugänglich sein. Bei einem Sofatisch solltest
du ohne Probleme ein Magazin vom Tisch nehmen können, aber gleichzeitig sollte ausreichend Beinfreiheit
für eine bequeme Sitzposition gewährleistet sein. Als
Faustregel kann man 35-45 cm vom Sitzplatz rechnen.
Während Größe und Höhe stark variieren können, ist
es doch ideal, wenn die Tischfläche etwas mehr als halb
so groß ist wie das Sofa selbst. Wieder ist die Balance
entscheidend. Es sollten jeweils 75-90 cm zwischen
den Möbelstücken bleiben, damit man sich bequem
im Raum bewegen kann.

Was man mit Teppichen anfangen kann

Unsere liebste Regel – und gleichzeitig jene, die wir am
liebsten brechen – hat mit dem Einsatz von Teppichen
zu tun. Teppiche sollten nicht weniger als 60 cm von
einer Wand entfernt platziert werden, sie sollten unter
jedem Möbelstück liegen (und sei es nur ein klein
wenig). Sie sollten den Raum komplementieren, wenn

nicht gar akzentuieren. Wir halten diese Regeln für sinnvoll. Trotzdem mögen wir auch übereinandergelegte Teppiche und Statement Teile (die oftmals Vintage sind, was wiederum bedeutet, dass wir sie, unabhängig von Größe und Form, unbedingt in unserem Haus haben wollen). Manchmal verwenden wir auch Überwürfe als Teppiche, unter die wir eine Antirutschmatte legen, oder doppelseitiges Teppich-Klebeband.

Man hat uns auch schon mehrere Teppiche übereinander auf einfache Teppichböden in Mietswohnungen legen sehen oder auch Teppiche in Küchen, um sie gemütlicher wirken zu lassen.

Sei offen für Spontaneität. Stürze dich in die Details. Und vor allen Dingen – sei versichert, dass jedes absichtsvoll platzierte Element sich auch gut anfühlen wird. Und nun lass uns anfangen, dein Zuhause zu gestalten. Raum für Raum.

STIL

Räume

Eingang

Es ist sehr wahrscheinlich, dass du im Zuge deiner täglichen Routine mehrere Male am Tag durch die Tür gehst – um den Hund rauszulassen, die Kinder zur Schule zu bringen, laufen zu gehen, zur Arbeit und wieder zurück. Selbst wenn es sich nicht um einen offiziellen Eingang handelt, so doch um einen der am häufigsten genutzten Bereiche deines Hauses, der ein wenig Aufmerksamkeit bekommen kann. Der Eingangsbereich zeigt uns oft schon, wie sich der Rest des Hauses anfühlen wird. Persönlichkeit und Wärme sollten einen bereits empfangen, sobald man die Tür hinter sich schließt. Interessante Gegenstände wirken einladend. Absichtsvolle Gestaltung ermuntert dazu, bleiben zu wollen. Darin besteht das Fundament eines gut gestalteten Zuhauses.

Stelle dich in deinen Eingangsbereich. Gehe durch die Tür und gleich wieder hinaus. Ermittele, was dir fehlt, was du gern ablegen oder mitnehmen würdest oder was unmittelbar greifbar sein sollte. Gibt es etwas, das dir beim Herein- oder Hinausgehen ein Lächeln entlockt? Gibt es etwas, das dir ein Gefühl gibt, sicher zu sein, geliebt zu werden? Eine sanfte Erinnerung daran, was dein Zuhause dir bedeutet? Bringe es in diesen Raum. Dieser Bereich sollte ebenso durchdacht und emotionsgeladen sein wie der Hintergrund deines Smartphones. Du wirst diesen Teil deines Hauses ständig sehen, also sollte er das entsprechende Gefühl hervorrufen. Jeder Eingangsbereich braucht eine Art Hafen, wo man erst mal alles ablegen kann: einen Platz für Schlüssel, Sonnenbrillen, Kleingeld und Post. Das kann ein Tablett, eine Schale, ein Tischchen oder ein Regalbrett sein. Es sollte auch einen

Haken geben, an den eine Tasche, ein Mantel oder eine Hundeleine gehängt werden kann, dazu ein Stuhl, auf den man sich beim Anziehen der Schuhe setzen kann. Auch ein Spiegel ist toll. Wir hängen dort auch gern eine Magnettafel auf, für Notizen und Humorvolles, zur Not tut es aber die Rückseite der Haustür. Schließlich kannst du dem Raum noch einige persönliche Schätze hinzufügen, um ihn zu füllen: eine Dose neben der Tür, in der du die kleinen Dinge sammelst, die du auf Spaziergängen findest, oder ein Windspiel, das erklingt, wenn die Tür geöffnet wird.

Die meisten Eingangsbereiche sind jedoch winzig. Und auch wenn einem nur eine kleine Fläche zur Verfügung steht, sollte man den Platz, den man hat, auch nutzen.

Nutze die Fläche, die dir die Wand bietet. Hänge ein paar Haken auf, dazu einen Spiegel. Nichts davon muss zu sehr in den Vordergrund treten, es soll bloß Platz für die Dinge geben, die du in der Nähe der Tür aufbewahren willst. Die Gestaltung kann mühelos wirken und doch funktional sein. Wenn du Platz hast, empfehlen wir ein Bänkchen oder einen Hocker, um Schuhe darunter abstellen zu können, damit man nicht über einen ganzen Haufen stolpert, sobald man das Haus betritt (Körbe eignen sich ebenfalls zu diesem Zweck). Nun lege noch eine Kokosmatte vor die Tür, stelle eine Garderobe hinein, dazu einen Schirmhalter und Kleinigkeiten, die deine Persönlichkeit zum Ausdruck bringen – und vergiss die Farben nicht. Ein lebendiger und gut durchdachter Eingang voller Charakter ist ein wunderbarer Einstieg in dein Haus und wird dich daran erinnern, wie du deine Tage gestalten möchtest.

Der Eingangsbereich führt uns wiederum in den am häufigsten genutzten Raum des Hauses.

Wohnzimmer

Das Wohnzimmer sollte bewohnt werden. Es sollte entspannt sein, diesen Raum auf viele Weisen zu genießen. Wenn es einen Raum in deinem Haus gibt, in welchem du jedermanns Kinder (und auch die Erwachsenen) toben lassen würdest, sollte es dieser sein. Die Einrichtung sollte also nicht zu kostbar sein. Denke darüber nach, wie du diesen Raum nutzen möchtest und wer ihn nutzen soll. Halte für jeden etwas bereit. Dies ist oftmals auch der Raum, in dem man seine Lieblingsstücke zeigen kann: die schönsten Kunstwerke, die du besitzt, Statement-Möbel, Sammlungen, Fotografien. Du wirst kaum darum herumkommen, eine Menge Zeit in diesem Raum zu verbringen. Deshalb sollte er so gemütlich wie möglich sein.

Beginne mit den Möbeln. Evaluiere die Proportionen des Raumes und die Größe deiner Möbel. Ist er eher klein, versuche ihn mit kleineren Teilen zu füllen – Möbel ohne Armlehnen und mit geraden Linien. Beides wird einen Raum größer erscheinen lassen. Auch ein Spiegel kann diesen Zweck erfüllen. Wenn es sich um einen größeren Raum handelt, kannst du auch größere Teile hineinstellen. Verwende Teppiche, um bestimmte Bereiche zu definieren. Schaffe ein Zentrum, um einen Kamin, einen Sofatisch oder auch deinen liebsten Kunstgegenstand. Beachte, dass Teppiche, die zu klein sind, den ganzen Raum optisch kleiner machen.

Es sollten immer genug Sitzplätze zur Verfügung stehen. Schaffe viele unterschiedliche Orte dafür und stelle sicher, dass die Menschen sich anschauen können, statt nebeneinander zu sitzen. Sie sollten auch nah genug beieinander sein, damit niemand zu laut sprechen muss. Denke daran, dass wir alle unterschiedliche Sitzgelegenheiten mögen und dass die Menschen, die sie nutzen, unterschiedlichen Alters sind. Wir haben eine Schwäche für einen farblich auffälligen Vintage-Sessel, mit der perfekten Sitzhöhe, wir lieben aber auch durchdachte Sitzgelegenheiten am Boden.

Bedenke, dass unser Wohnzimmer ein Ort unterschiedlichster Zusammenkünfte ist und auch größere Gruppen Platz finden sollten. Hocker sind schön oder auch Bodenkissen und Beistelltische, die zum Sitzen oder auch als Tische dienen können. Sei kreativ – eine Sitzgelegenheit muss nicht von vornherein eine solche sein. Je wandelbarer deine Möbel, umso wandelbarer der Raum.

Kissen und Überwürfe lassen einen Raum sofort einladend wirken. Sie sind auch fantastische Spontankäufe, die man auch mal von einer Reise mitbringen kann, und sie wirken besonders gut, wenn sie unterschiedliche Materialien, Größen und Formen aufweisen. Ein Raum, in dem unterschiedliche Texturen und Textilien miteinander kombiniert werden, wirkt sofort wärmer. Wir benutzen häufig Schaffelle, die je nach Saison von einer Stelle zur anderen wandern. Denke daran, eine Balance aus unterschiedlichen und ähnlichen Dingen zu finden. Es ist wie bei einem guten Cocktail – ein kleiner Schuss Hochprozentiges macht einen großen Unterschied.

Jetzt solltest du über Licht nachdenken: es ist eines der wichtigsten Elemente, um einen gemütlichen Raum zu komplettieren. Stelle dir wieder dieselben Fragen. Wozu dient der Raum? Du kannst Licht verwenden, um sanfte Trennlinien zwischen unterschiedlich genutzten Teilen des Raumes zu schaffen. Lass dir deine Gestaltung nicht durch die vorhandenen Lichtquellen vorgeben.

Denke daran, dass du auch Hänge- und Bodenlampen verwenden kannst, um einem leer oder dunkel wirkenden Raum mehr Höhe oder Fokus zu verleihen.

Auch Tischlampen sind vielseitig und warm. Akzent-Leuchten wie eine Salzlampe oder eine marokkanische Hängelampe können durch Schatten und Farbe mehr Spannung in den Raum bringen. Auch die Wahl der Leuchtmittel kann einen großen Effekt haben. Unterschiedliche Lampen und Leuchtmittel geben dir die Möglichkeit, die Atmosphäre des Raumes nach Bedarf zu verändern. Wir versuchen, mindestens zwei unterschiedliche Lichtquellen in jeden Raum zu bringen: eine eher praktische, zum Beispiel ein Leselicht neben einem gemütlichen Sessel, und eine weitere, die stimmungsvolles Licht bringt, interessante Schatten wirft oder ganz einfach ein sanftes Leuchten verbreitet.

Lass deinen Blick durch den Raum wandern, als handele es sich um eine Landschaft. Schaffe ein paar höhere und ein paar niedrigere Akzente, kombiniere natürliche Formen mit den unvermeidbaren linearen Formen des Raumes. Hänge viele kleine Kunstwerke an die eine Wand und ein einzelnes großes Bild an die Wand daneben, um eine Balance herzustellen. Das könnte auch vom Fernseher ablenken. Verwende unterschiedliche Bilderrahmen. Frage dich einmal, was für dich Kunst ist. Rahme auch Federn, Textilien oder Notizkarten. Hänge Schalen, Körbe oder Wandteppiche auf. Lass verschiedene Texturen und Textilien ineinander übergehen.

Im Wohnzimmer möchte man zusammenkommen, aber auch inspiriert werden. Oftmals befinden sich hier die Dinge, die du auf der Suche nach Inspiration zur Hand nimmst – Bücher, Musik und Kunst. Mache sie zugänglich. Ein schickes Deck Karten, wie beispielsweise die von Cool Club oder ein Gesellschaftsspiel wie Table Topics, macht sich gut auf dem Sofatisch, da kann es bei spontanen Zusammenkünften sofort zum Einsatz gebracht werden. Auch Musik spielt bei uns zuhause eine große Rolle. Betrachte das Wohnzimmer als anpassungsfähigen Raum. Ein Raum, der jede Stimmung und jedes Bedürfnis bedienen kann.

Schließlich sollten wir daran denken, dass im echten Leben auch mal was danebengeht. Nicht selten haben wir Essen oder Getränke in der Hand. Stelle dich darauf ein, dass im Wohnzimmer auch gekrümelt und gekleckert wird. Schaffe Platz. Jeder Sitzplatz sollte auch eine Möglichkeit zum Abstellen eines Getränkes bieten.

Versuche, mit waschbaren Decken und Kissenbezügen zu arbeiten. Technische Geräte bringen immer Kabelsalat mit sich; versuche, sie so gut wie möglich hinter Pflanzen oder einem Tisch zu verbergen. Bewahre Fernbedienungen in einem Körbchen unter dem Sofa auf. Plane deinen Wohnraum so, dass er den Anforderungen des echten Lebens gerecht wird.

Was uns ohne größere Umstände in den belebtesten und unfallreichsten Raum des Hauses führt.

Wie man einen Sofatisch gestaltet

Wähle vier Gegenstände, die du gern auf dem Tisch haben möchtest. Es kann sich dabei um eine Mischung aus praktischen und dekorativen Dingen handeln. Versuche, sie auf unterschiedliche Arten zu arrangieren, um ein Gefühl dafür zu bekommen, wie es am schönsten aussieht und dennoch funktional ist.

Versuche zunächst, jedem der vier Objekte einen Viertelkreis zuzuweisen. Du kannst sie natürlich auch hin und her bewegen, um zu sehen, was sich am sinnvollsten anfühlt. Betrachte das Arrangement mit etwas Abstand und versuche festzustellen, was vielleicht noch fehlt. Einfache

Extras wie eine kleine Topfpflanze, eine hohe Vase oder ein geometrisch oder auch natürlich anmutender Gegenstand können der visuellen Balance dienen.

Wirkt das Ganze zu vollgestellt, versuche, eine Schale oder ein Tablett zu finden, in dem kleinere Dinge gesammelt werden können, die für sich allein nicht so richtig ihren Platz finden wollen. Versuche, Dinge zu stapeln. Eine Sammelschale oder eine Vase auf einem Stapel Bücher kann Platz sparen, dem Arrangement Höhe schenken und es interessanter wirken lassen. Auch die Fläche unter dem Tisch sollte nicht vergessen werden. Es ist der perfekte Ort, um Bodenkissen, flache Hocker oder sogar einen Korb mit Zeitschriften unterzubringen.

Dein Sofatisch sollte funktional sein, aber es handelt sich eben auch um ein zentrales Möbelstück und damit um einen Blickpunkt im Raum. Deshalb solltest du der Gestaltung deines Sofatisches ausreichend Aufmerksamkeit schenken.

Die Küche

»Das Herz des Hauses«, die Küche, ist für die meisten von uns *der* Ort für Zusammenkünfte. Und doch wird die Küche bei der Gestaltung oft vernachlässigt. Ja, es geht in erster Linie um Funktionalität. Bedenke aber, dass auch Werkzeuge und Utensilien schön sein können. Zeige deine liebsten Teile. Und auch Dinge wie Wasserfilter und Kaffeemaschinen müssen heute nicht mehr hässlich sein. Schau dir die Dinge ganz genau an, die du bereits besitzt und benutzt – vielleicht hast du ihren Charme unterschätzt. Es ist sehr wahrscheinlich, dass du wenigstens ein hölzernes Schneidebrett besitzt. Zeige es. Mache daraus gleich eine kleine Installation, indem du es zusammen mit einer Flasche Olivenöl, einem Salzschälchen und einem Rosmarin oder Thymian im Topf in Szene setzt (herzhafte, nützliche Kräuter). Halte es funktional und schön.

Wenn du Utensilien aus Holz besitzt, zeige sie und bringe visuell ein bisschen Höhe in den Raum, indem du sie in einem großen Gefäß arrangierst. Fülle eine große Schale mit Obst, um mehr Farbe und Textur in den Raum zu bringen. Dieser Raum sollte gestalterisch ebenso viel Aufmerksamkeit bekommen wie der Rest des Hauses. Hänge Kunst an die Wände, eine Pflanze an die Decke, stelle einen Hocker in die Ecke, der notfalls als zusätzliche Sitzgelegenheit dienen kann. Verwende charmante Küchenhandtücher.

Wenn dir dein Geschirr und deine Gläser gut gefallen, stelle sie auf ein offenes Regal. Platziere hübsche Kleinigkeiten neben deinen liebsten Kochbüchern. Die Gestaltung der Ablageflächen in der Küche sollte dich ästhetisch ebenso beschäftigen wie die der Regale im Wohnzimmer.

Einweckgläser können in offenen Regalen sehr

hübsch wirken. Darüber hinaus sind sie eine große
Hilfe in der Küche. Du kannst Dinge abfüllen, übrig-
gebliebenes Essen aufbewahren, Getränke darin servieren oder sie als improvisierte Vasen verwenden.
Du kannst darin Körner, Salz oder Mehl aufbewahren.
Stapele kleinere Gläser in offenen Regalen. Das sieht
nicht nur schön aus, sondern ist auch noch platz-
sparend. Es kann sich dabei um ausgespülte Gläser
handeln, in denen einmal Nudelsoße war, oder auch um
Weckgläser. Sie sind ein Blickfang und bringen uns der
einfachen Küche näher, weil wir immer sehen können,
welche Zutaten wir im Haus haben. Schön aufgereiht
sehen sie super aus, du kannst sie auch mit Etiketten
versehen, aber sie sollten immer in Reichweite sein.

Biologisch abbaubare Schwämme und Bürsten mit
Griffen aus Holz sehen so viel besser aus, und sind
es auch für die Umwelt. Wir legen unsere in Vintage-
Schalen und Vasen neben das Waschbecken. Spülmittel
kann in dekorative Seifenspender umgefüllt werden,
was uns wiederum die Möglichkeit gibt, Großpackun-
gen zu kaufen und damit nicht nur Geld zu sparen,
sondern auch weniger Plastik zu verbrauchen. Und
genau darin besteht unser Rezept für ein kreatives
und durchdachtes Leben: Wir achten auf nachhaltige
Lösungen mit durchdachtem Styling, die Kreativität
im täglichen Gebrauch erlauben.

Die Küche verzeiht so einiges, wenn es um Einrichtung geht. Einfach, weil sie so unheimlich funktional
sein muss. Also können wir uns hier ruhig ein bisschen
austoben. Verwende unterschiedliche Leinenservietten
auf dem Frühstücks- oder Küchentisch, wähle außer-
gewöhnliche Salz- und Pfefferstreuer, dazu frisch geschnittene Blumen in einer Vase und ein paar Kerzen
in alten oder auch modernen Kerzenständern.

Versuche, die Küche sauber zu halten. Je ordent-
licher deine Küche ist, umso wahrscheinlicher ist es,

dass du das, was du in diesem Raum tust, als Genuss erlebst. Je weniger beängstigend die Küche abends nach der Arbeit oder auch am Morgen wirkt, umso wahrscheinlicher ist es, dass wir den Wunsch verspüren, darin zu kochen.

Wenn es in deiner Küche keinen Tisch gibt, an den du dich setzen kannst, oder du mehr Platz brauchst, kann das Essen in den Nebenraum verlagert werden.

Das Esszimmer

Für gewöhnlich befindet sich in diesem Raum der große Esstisch des Hauses, dazu Stühle und vielleicht auch eine mobile Bar. In diesem Raum erleben wir Dinge gemeinsam, hier teilen wir unser Brot, stoßen auf besondere Gelegenheiten an und feiern.

Falls du einen quadratischen oder rechteckigen Tisch hast, solltest du abgerundete Elemente in die Gestaltung einbeziehen, denn eigentlich sollte kein Raum deines Hauses ausschließlich aus geraden Linien bestehen. In diesem Raum darf das Mobiliar einfach sein, stattdessen können interessante Dinge an den Wänden stattfinden.

Es sollte sich so anfühlen, als könne hier jederzeit ein festliches Dinner stattfinden, genauso wie eine spontane Zusammenkunft mit Freunden oder Familie. Kombiniere unterschiedliche Arten der Dekoration – edle und einfache Objekte, zum Beispiel Gläser aus dem Gebrauchtwarenladen und dazu feines Porzellan. Schaffe eine besondere Atmosphäre, die deine Persönlichkeit widerspiegelt.

Wo es möglich ist, sollten auch unterschiedliche Stühle miteinander kombiniert werden. Vielleicht möchtest du sogar ein Bänkchen anstelle von Stühlen an ein Ende des Tisches stellen. Setze ästhetische,

aber auch emotionale Akzente durch gemütliche Extras wie Schaffelle und Kissen. Wir werden noch ausführlicher darüber sprechen, wie man eine Tafel gestaltet, aber es ist sinnvoll, immer ein einfaches Mittelarrangement oder Kerzen auf dem Esstisch stehen zu haben. Teppiche, die sich sowohl für drinnen als auch für draußen eignen, machen sich in Esszimmern, wo schließlich am häufigsten gekleckert wird, besonders gut. Teppiche sollten mindestens 60 cm breiter als dein Tisch, aber trotzdem mindestens 10 cm von den Wänden entfernt sein. Ein besonders wichtiger Aspekt in diesem Raum ist auch die Beleuchtung: sie sollte hell genug sein, damit ihr einander gut sehen könnt, nicht zuletzt auch euer Essen. Sie sollte aber auch nicht blenden, wie es hin und wieder bei Deckenbeleuchtung der Fall ist.

Tatsächlich lohnt es sich, an dieser Stelle ein wenig Geld auszugeben. Lampen sollten etwa 75–90 cm über dem Tisch hängen. Wenn du in einer Mietwohnung lebst, verwende Hängelampen, deren Kabel mit Stoff ummantelt sind, damit sie sich besser einfügen. Wenn das Haus oder die Wohnung dir gehört, installiere einen Dimmer und besorge dir etwas Auffälliges wie einen Leuchter, der im besten Fall zum zentralen Blickpunkt im Raum wird. Die Investition lohnt sich, wenn du hier tatsächlich all deine Mahlzeiten einnimmst. Licht verändert die gesamte Stimmung einer Dinner-Party – selbst wenn es sich bloß um zwei Leute handelt.

Eine improvisierte Bar kann ein wunderbares Extra sein. Gläser und unterschiedliche Drinks können auf einem Sideboard oder einem Getränkewagen untergebracht werden. Gib der Sache Stil, indem du die alkoholischen Getränke dekantierst und mit metallenen Schildchen versiehst. Hier würden wir dann auch die größten und schönsten Kunstwerke sowie die feinsten und zerbrechlichsten Gegenstände auf den Regalen arrangieren, denn schließlich kommt es nur äußerst selten vor, dass das Esszimmer plötzlich zum Spielplatz wird und unsere Schätze in Gefahr gebracht werden.

Und nun an die Arbeit.

Dein Arbeitsraum

Viele von uns arbeiten heutzutage von Zuhause, manche ein oder zwei Tage in der Woche, andere Vollzeit. Nur wenige können sich den Luxus erlauben, einen ganzen Raum einzig und allein diesem Zweck zu widmen. Tatsache ist, dass unser Arbeitsraum des Öfteren auch als Gästezimmer, Spielzimmer oder Abstellraum dient. Dennoch sollte dieser Raum Produktivität fördern. Das Ziel besteht darin, eine Balance zu finden, zwischen den unterschiedlichen Funktionen des Raumes und einem guten Maß an Produktivität für die Person, die darin arbeitet.

Am wichtigsten ist an dieser Stelle Organisation. Zunächst solltest du einen Raum mit natürlichem Licht, entspannten Farben und vor allen Dingen Ruhe finden. Sollte der Raum gleich mehreren Zwecken dienen, schaffe dir einen Arbeitsplatz in Fensternähe. Auch eine Steckdose sollte nicht zu weit sein, damit du stets alle deine Geräte laden kannst. Darüber hinaus helfen viele unterschiedliche Ablagemöglichkeiten für Papiere, deine Arbeit besser zu organisieren, dazu gehören Körbe, Schachteln, Kisten und Regale. Es ist allerdings anzunehmen, dass du an diesem Platz sehr häufig sitzen wirst, also solltest du dich als Erstes um einen passenden Schreibtisch kümmern (den kannst du dir sogar in exakt der richtigen Größe selber bauen, indem du dir eine Platte zuschneiden lässt und diese

anschließend auf Böcke setzt oder mit Beinen versiehst) und dann natürlich um einen bequemen und
stabilen Stuhl, dessen Höhe auf die deines Schreibtischs abgestimmt ist.

Bedenke auch die Umgebung deines Schreibtischs.
Kannst du dich, wenn nötig, ausbreiten? Vielleicht
kannst du den Schreibtisch mit einer zusätzlichen
Ausziehplatte versehen. Oder es gibt eine Kommode,
auf der du auch mal Papierkram ausbreiten könntest.
Verwende auch den Raum, den dir die Wand schenkt.
Hänge einen Kalender auf, außerdem ein Regal. Verwende eine der Wände für Ideen – hier hängst du Dinge
auf, die dich nicht ablenken, sondern inspirieren, wenn
du alle paar Stunden von deiner Arbeit aufschaust.

Denke daran, dass in diesem Raum die meiste »Verwal-
tungsarbeit« für unser Leben stattfindet. Aus diesem
Grund entsteht hier auch leicht Unordnung. Und weil
der Krempel in der Regel eher mehr als weniger wird,
brauchst du ein System, das es dir erlaubt, alles schnell
an entsprechende Stellen zu sortieren oder ganz loszuwerden, denn Unordnung ist nicht nur auf unserem
Schreibtisch ein Störfaktor. Auch in unserem Geist löst
sie Unruhe aus. Eine neurowissenschaftliche Studie
der Universität Princeton stellt fest, dass Menschen,
in deren Zuhause Unordnung herrscht, mehr Erschöp-
fung und Stress erleben. Das Chaos hält dich davon
ab, dich zu konzentrieren, und es wirkt sich negativ
auf die Fähigkeit deines Gehirns aus, Informationen zu
verarbeiten. Wer sich von Unordnung umgeben fühlt,
wird auf Dauer seelisch darunter leiden, was wiederum
zu Frustration und schlechten Entscheidungen führt.

Fast jede/r von uns schleppt eine Reihe von Dingen
mit sich herum, von denen wir einfach nicht loslassen
mögen – Bücher, die wir nicht gelesen haben, Dinge,

die wir angesammelt und mit irgendeiner Art von emotionaler Bedeutung versehen haben, sodass wir es nicht mehr übers Herz bringen, sie wegzuwerfen. Und weil auch die digitale Welt beginnt, immer mehr Raum zu greifen, haben wir nicht mehr bloß mit dem Krempel der echten Welt zu kämpfen, sondern müssen uns auch immer mehr mit digitalem Kram herumschlagen. Benachrichtigungen, Emails, SMS … je mehr unser Hirn zu filtern hat, umso weniger effektiv wird unser Tun.

Es gibt sicher unterschiedliche Schmerzgrenzen, wenn es um Krempel geht, aber so oder so wirst du dir selbst einen großen Gefallen tun, wenn du dein Büro (und dein Leben) so krempelfrei wie möglich hältst.

Probiere es mit folgenden Vorschlägen, um dem Chaos entgegenzuwirken:

1. Räume Dein Emailpostfach und den Desktop Deines Computers täglich auf

Plane eine bestimmte Zeit ein, in der du Emails liest und beantwortest. Sofern dein Beruf es nicht verlangt, dass du zu absolut jeder Zeit verfügbar bist, wirst du wesentlich produktiver und fokussierter sein, wenn du eine bestimmte Zeit dafür einplanst, deine Mails zu sortieren und zu beantworten. Beispielsweise früh am Morgen, nach dem Mittagessen oder kurz vor Feierabend. Fast alle Mailprogramme bieten eine Funktion, mit der Mails markiert, priorisiert oder direkt in unterschiedliche Ordner geschoben werden können. Nimm dir die Zeit, dich von nervigen Mailinglisten abzumelden. Emails, die noch beantwortet werden müssen, können in einen separaten Ordner bewegt werden. Dringende Anfragen können direkt beantwortet werden. Stelle eine automatische Benachrichtigung ein, die deine Kontakte darüber informiert, dass du Emails nur einmal am Tag liest und beantwortest.

Ebenso wie dein Postfach solltest du am Ende des Tages auch deinen Computer aufräumen und unnötige Dateien löschen. Die Dokumente, an denen du gearbeitet hast, können in die entsprechenden Ordner verschoben werden. Hilfreich ist auch, ein tägliches Back-up deiner Arbeit zu erstellen.

2. Erstelle einen Zeitplan für den Tag und die Woche

Wer sich einen Zeitplan macht, egal ob eng getaktet oder mit ein wenig Luft darin, wird produktiver. Was sind die Aufgaben des Tages? Gibt es Deadlines? Es ist ebenso wichtig, einen Kalender zu führen, der stets auf dem aktuellen Stand ist. Entscheide dich für einen Planer oder Kalender, der zu dir passt (digital oder analog). Brauchst du etwas für unterwegs, etwas worin du auch spontan Ideen und Erinnerungen notieren kannst? Sollte es sich um ein digitales System handeln, stelle dir die Frage, ob du Erinnerungen brauchst und ob Listen, Aufgaben und Termine automatisch zusammengeführt werden sollten. Oder möchtest du lieber einen Kalender, den du permanent vor Augen hast – auf dem Schreibtisch oder an der Wand? Egal wofür du dich entscheidest, sei dir gegenüber fair, indem du sicherstellst, dass deine Zeitplanung realistisch bleibt.

3. Schaffe unterschiedliche kleine Ablagemöglichkeiten

Weniger gebrauchen zu müssen, ist immer eine gute Sache. Versuche, die Dinge immer direkt an den richtigen Platz zu legen. Etabliere eine separate Kiste für Quittungen, eine weitere für Korrespondenzen und eine für Büromaterialien. Finde kreative Lösungen dafür; verzierte Kistchen oder Holzschubladen bieten sich an. Stelle zunächst fest, welche Dinge du immer zur Hand haben möchtest und finde die richtige Form der Aufbewahrung für sie (Büroklammern, farblich differenzierte Ordner, Drahtkörbchen, Papierablagen).

4. Halte Ordnung

Ein paar Minuten am Ende eines jeden Tages werden sich auszahlen, denn wenn du dir die Zeit nimmst aufzuräumen, bevor du deinen Arbeitsplatz verlässt, wirst du am nächsten Tag eine freundlichere Umgebung vorfinden, die zur Produktivität anregt. Dabei helfen sollten dir die erwähnten drei Methoden, doch vor allem solltest du darauf achten, dass es gar nicht erst zur Unordnung kommt, und das gilt natürlich für alle Lebensbereiche. *Atmen: Entspannen, den Fokus finden und Sachen anpacken* von Michael Townsend Williams könnte dir helfen, guten Angewohnheiten mehr Raum zu geben sowie Konzentration und Arbeitsabläufe zu verbessern. Und nun lass uns einen ruhigen Ort finden, an dem wir ein wenig loslassen können.

Schlafzimmer

Unsere Tage beginnen und enden im Schlafzimmer, hier verbringen wir ungefähr ein Drittel unseres Lebens. Entsprechend sollten wir der Gestaltung dieses Raumes auch ein wenig Aufmerksamkeit schenken. Die Herausforderung besteht darin, einen Raum zu schaffen, der am Morgen Frische und Leichtigkeit ausstrahlt und am Abend Zuflucht bietet und Ruhe schenkt. Die Farbauswahl sollte dementsprechend gedämpft sein, Kunstwerke nicht zu raumgreifend. Am besten verbannst du auch jegliche Form von Technik, ganz besonders den Fernseher, aus diesem Raum. Beachte die Basics des Feng-Shui. Entscheide dich für eines der Elemente (Feuer, Erde, Metall, Wasser oder Holz) und lass es dein Farbschema und die Energie für diesen Raum bestimmen. Für eine ausgleichende

Atmosphäre ist ganz besonders die Beleuchtung ein wichtiger Faktor. Das Licht in deinem Schlafzimmer sollte sich zum Lesen eignen, am besten funktioniert eine Lampe, bei der du nicht direkt in das Leuchtmittel schaust, in jedem Fall solltest du sie leicht ein- und ausschalten, zur Seite drehen oder dimmen können. Deckenlampen sollten nach Möglichkeit nicht direkt auf das Bett scheinen. Wenn es dir an Platz auf dem Nachttisch mangelt, können Lampen alternativ auch an der Wand angebracht werden.

Schaffe Platz für Meditation am Morgen (selbst wenn du darunter bloß ein kurzes Durchatmen und ein morgendliches Strecken verstehst). Um eine der vielen Ausreden für das morgendliche Aufstehen von vornherein zu eliminieren, lege dir einen Morgenmantel oder einen Pulli neben das Bett, damit die Welt außerhalb deiner Bettdecke dir nicht ganz so kalt erscheint. Mach morgens sofort dein Bett – ein aufgeräumtes Schlafzimmer schafft Ruhe und Intention für den Tag. Die Bestseller-Autorin Gretchen Rubin erklärt in ihrem Buch *Das Happiness-Projekt*, man könne sich beispielsweise leicht das morgendliche Bettenmachen angewöhnen und damit dem alltäglichen Glück ohne größere Anstrengung näherkommen.

Indem wir gleich am Morgen eine kleine Aufgabe erfolgreich bewältigen, geben wir den Ton für den Rest des Tages an. Eine Umfrage der National Sleep Foundation ergab, dass diejenigen, die morgens ihr Bett machten, auch zufriedener mit dem Schlaf der vorangegangenen Nacht gewesen waren. Kleinigkeiten machen nicht nur im Design einen großen Unterschied.

Nun sollten wir bei der Gestaltung des Schlafzimmers nicht nur den Beginn des Tages, sondern auch sein Ende berücksichtigen. Gar nicht so einfach. Für das tägliche Ritual eines erholsamen Schlafes braucht es eine bestimmte Atmosphäre. Stelle sicher, dass nichts, was ein Schlafzimmer gemütlich macht, mehr als eine Armlänge entfernt von dir liegt. Hausschuhe gleich neben dem Bett, Taschentücher in einem Holzkistchen und eine Karaffe mit Wasser auf dem Nachttisch (diese Karaffe kann auch gern einfach nur eine mit Wasser gefüllte Gin-Flasche sein), dazu ein Stapel Bücher und vielleicht sogar ein Tagebuch (schau dir mal *Keel's Simple Diary* an). Ein wenig ätherisches Öl in einem Vintage-Fläschchen ist eine schöne Ergänzung für deine abendlichen Rituale. Du kannst zum Beispiel Bergamotte-Öl auf die Fußsohlen auftragen, das soll guten Schlaf fördern. Das Kopfende des Bettes eignet sich als starkes gestalterisches Element für den Schlafraum. Denke ruhig einmal über Alternativen zum traditionellen Kopfbrett nach, vielleicht ein Stück gerahmte Kunst, frei angebrachte Regalbretter oder auch so etwas wie eine alte (schön aufgearbeitete) Scheunentür. Verwandele diesen Raum in einen Ort, der dich erdet.

Bettwäsche und Decken sind selbstverständlich ein wichtiger Aspekt in einem Schlafzimmer. So zahlt es sich aus, unterschiedliche Kissen auszuprobieren (Buchweizen ist hypoallergen und oftmals aus biologischem Anbau). Bettwäsche aus Leinen kühlt im Sommer und wärmt im Winter. Die Bettdecke darf gern Luxus sein. Die Suche nach einer tollen Bettdecke mit dem richtigen Grad an Fluffigkeit und dem perfekten Bettbezug darf gern etwas aufwendiger sein, denn diese Entscheidungen können die Atmosphäre des ganzen Raumes verändern, ohne dabei allzu sehr ins Geld zu gehen. Auch der Effekt von zusätzlichen Kissen und einem Bettüberwurf ist nicht zu unterschätzen. Wähle eine ungewöhnliche Farbe, ein ungewöhnliches Muster, das Gemütlichkeit und Ruhe ausstrahlt.

Für all jene Tage, die nicht so ordentlich beginnen oder enden, wie wir uns das wünschen würden, ist es wichtig, dass wir Platz schaffen, um mit solchen Engpässen umzugehen. So können beispielsweise eine an die Wand gelehnte Leiter oder an der Tür befestigte Haken eine Möglichkeit bieten, Kleidung loszuwerden, wenn wir es nicht schaffen, sie direkt wieder an ihren Platz zu hängen. Eine hübsche kleine Kiste gibt uns die Möglichkeit, weniger ästhetische Gegenstände wie Ohrenstöpsel, Handcreme oder eine Schlafmaske zu verstauen. Auch eine kleine Schale, in die du abends deine Hosentaschen ausleeren kannst, kann hilfreich sein. Für unser Schlafzimmer wünschen wir uns Ruhe und Klarheit. Dunkle Farben können den Raum intimer machen. Verwende unterschiedliche Texturen und wärmere Textilien. Hänge möglichst wenig Kunst, um den Raum nicht zu anregend werden zu lassen. Hier solltest du Ruhe finden und auftanken können. Grünpflanzen können die Luftqualität verbessern und den Raum frischer wirken lassen. Zu den besten Luftreinigern gehören die Grünlilie, Drachenbäume, der Ficus Benjamini, Bogenhanf, das Scheidenblatt, Aloe Vera und Bambuspalmen.

In unmittelbarer Nähe dieses ruhigen und persönlichen Bereichs deines Hauses gibt es allerdings einen weiteren wichtigen Raum, den wir zwar häufig mit anderen teilen, über den wir aber selten sprechen.

Badezimmer

Das Bad kann tatsächlich sogar als eine Erweiterung des Schlafzimmers gesehen werden. Ein Raum, in dem man gern seine Privatsphäre hat, dazu Ruhe und natürlich Funktionalität. Unabhängig davon, ob dein Badezimmer über Fenster verfügt, solltest du versuchen, einen Raum zu schaffen, der sich freundlich, lebendig und luxuriös anfühlt. Verschönere diesen Raum. Die Erneuerung von Leuchten, Armaturen oder Wandfarbe mag sich erst mal ganz schön aufwändig anfühlen, aber auf diese Art fühlt sich sogar das Badezimmer einer Mietwohnung, das zuvor zwar erträglich, aber nichts Besonderes war, richtig gut an. Auch ein Stapel hübscher Handtücher oder ein Eukalyptuszweig, der am Duschkopf aufgehangen wird, tragen bereits viel dazu bei, dass sich so ein Bad schon beinahe anfühlt wie ein Spa. Finde einen schönen Seifenspender und bringe einige Duftkerzen in den Raum. Und wenn dann noch immer etwas zu fehlen scheint, stelle noch ein paar Pflanzen hinein. Luftpflanzen lieben das Badezimmer, weil es hier schön feucht ist, gleiches gilt für Aloe, Farne und Efeutute. Sie bringen nicht nur Leben, sondern auch Frische in den Raum.

Du solltest diesen Raum wie jeden anderen behandeln, aber auch daran denken, Platz zu lassen für eine zusätzliche Ablage, einen Ort, an dem du Kleidung oder ein weiteres Handtuch aufbewahren kannst. Denke an praktische Unterbringungsmöglichkeiten für Toilettenpapier (beispielsweise ein Körbchen im Schrank), weitere Handtücher (vielleicht auf einem frei schwebenden Regal über der Wanne), Zahnbürsten und Zahnpasta (zum Beispiel ein Becher aus Porzellan oder Zement). Alles sollte seinen festen Ort haben.

Gibt es hier Platz für eine Leiter, um deine Kleider aufzuhängen? Einen Korb für Wäsche? In diesem Raum musst du dich eigentlich ständig fragen, was sich richtig anfühlt und was fehlt. Ebenso wie der Eingangsbereich ist das Badezimmer ein Raum, den du ständig passieren wirst. Die Gestaltung sollte also nicht nur schön, sondern auch funktional sein. Gleichzeitig ist es ein Raum, in dem Menschen gern ein bisschen Humor sehen, beispielsweise ein Comicbuch oder einen gerahmter Cartoon.

Und nun auf zu unserem liebsten Teil eines Zuhauses.

Draußen

Nicht alle haben einen schönen, großen Garten, manche haben bloß eine Terrasse oder eine Veranda. Unabhängig von der Größe komplettiert ein Außenbereich das Gefühl von Zuhause. Versuche also, jede Form von Außenflächen zu nutzen, und mache sie zu einem vollwertigen Teil deines Zuhauses.

Unser Ziel besteht darin, eine Art Draußen-Wohnzimmer zu schaffen. Hier haben wir Topfpflanzen, einen Kräutergarten und wasserfeste Stühle, wir nutzen diesen Raum zum Nachdenken oder Wein trinken. Hier beginnen wir den Tag oder verbringen die letzten wachen Minuten eines Tages, hier lesen wir ein Buch, hier machen wir auch mal ein Nickerchen.

Denke daran, wenn du einen Platz für eine Hängematte oder einen Meditationshocker suchst, vielleicht auch einen kleinen Tisch, auf dem man eine Tasse Kaffee abstellen kann. Und wenn es irgendwie machbar ist, sind eine Dusche oder eine Badewanne unter freiem Himmel natürlich ein wunderbarer Luxus. Was sich vor dem Haus befindet, kann schlicht und einfach ein weiterer Raum sein, eine kleine Flucht. Wende die gleichen Gestaltungsregeln an, die du auch für das Wohnzimmer verwenden würdest, bloß dass es noch mehr Pflanzen sein dürfen. Achte darauf, wie die Natur sich mit den Jahreszeiten verändert. Lasse den Boden im Herbst und Winter mit Moos zuwachsen. Verlege die Mahlzeiten im Frühjahr und Sommer nach draußen. Windspiele und Lampions schaffen Atmosphäre.

Verwende Solarlampen, die automatisch angehen, sobald die Sonne untergeht, ein Abendessen an der frischen Luft ist immer schön, wenn das Wetter es zulässt. Und um ganz sicher zu sein, dass ihr das Beste aus dem Abend herausholt, finde einen Ort, der sich für eine Feuerschale eignet, dazu jede Menge mobiler Sitzgelegenheiten (Baumstümpfe, Polstersessel oder Rattan-Stühle) und einen Stapel Decken für den Schoß.

Wie immer in der Gestaltung braucht es vor allen Dingen Sichtachsen. Versuche immer wieder, einen Schritt zurückzutreten und wahrzunehmen, wo dein Auge hinfällt. Dann solltest du eine Weile darin leben, um festzustellen, was du noch brauchen könntest und was vielleicht bereits zu viel ist, egal ob du das Draußen nach drinnen oder das Drinnen nach draußen holst. Trotzdem darf man eigentlich immer davon ausgehen, dass die Natur niemals aus der Mode kommt.

Roadside Silhouettes

1 MOURNING DOVE
2 HOUSE SPARROW
3 GRACKLE
4 STARLING
5 COWBIRD
6 RED-WING
7 KINGFISHER
8 BLUE JAY
9 MOCKINGBIRD
10 SONG SPARROW
11 SHRIKE
12 FLICKER
13 BLUEBIRD
14 NIGHTHAWK
15 ROBIN
16 KILLDEER
17 PHEASANT
18 PURPLE MARTIN
19 BARN SWALLOW
20 CLIFF SWALLOW
21 SPARROW HAWK
22 CARDINAL
23 MEADOWLARK
24 KINGBIRD
25 HORNED
26 PHOEB-
27 BO-
28 BO-

continued from front flap

YELLOW

SEASIDE
GOLDENROD

STOUT
GOLDENROD

RS

-ositae)

olidago squarrosa
the rather large
hed, often forming
0–16. Plant 1½–5
s, thickets. S. On-
, Indiana, Ohio, and
Aug.–Oct.

Solidago sempervirens
All leaves are tooth-
t clasp the stem. Stem
nowy. Rays 7–10. Plant
nd often assumes a more
uently hybridizes with the
sp.); see p. 192. Mainly
he typical showy form (occa-
New Jersey form is found
Aug.–Nov.

3 **Natur**

Studiere die Natur, liebe die Natur,
halte dich an die Natur.
Sie wird dich niemals enttäuschen.

———————

Frank Lloyd Wright

Die Natur in die Räume zu bringen ist eines der wichtigsten Elemente unseres Gestaltungsstils. Nicht einfach nur, weil es schön ist oder weil es eine tolle Haptik, tolle Farbtöne mitbringt, sondern vor allen Dingen, weil es uns erdet und unsere Verbindung mit dem Planeten stärkt. Indem wir uns mit der Schönheit der Natur umgeben, sie gestalterisch aufgreifen, fördern wir Gesundheit und Gemütsruhe. Die Farben, Formen und das Wachstum der Pflanzen im Zusammenhang mit der Gestaltung unserer Räume zu berücksichtigen, kann mehr als nur die Kreativität anregen, es schärft unseren Stil.

Es mag nicht jedermanns Sache sein, aber unser Stil entspringt der Natur. Wir lieben es, Federn, Steine und Muscheln zu sammeln, können es einfach nicht lassen, Samenhülsen in Schalen zu legen, Äste auf Regalbrettern zu drapieren oder Stöcke von Decken und Wänden baumeln zu lassen. Wir bauen Lampen aus umgefallenen Birken und Wurzeln. Baumstümpfe werden zu Beistelltischen und sind gleichzeitig ideale Sitzgelegenheiten. Wir gestalten jeden Raum mit der Liebe zur Natur im Herzen. Es ist ein ursprüngliches Bedürfnis. Wir bemühen uns, Natur in Räume zu bringen, ohne sie zu überfrachten. Die Zeit, die wir in der Natur verbringen, inspiriert uns, und wir streben danach, Produkte und Räume zu gestalten, die das widerspiegeln.

Waldbaden

Shirin-yoku ist ein japanischer Ausdruck, der so viel bedeutet wie: »die Waldatmosphäre einatmen« oder auch »Waldbaden«. In den achtziger Jahren entwickelt, wurde es schon bald zu einer der Grundfesten präventiver Medizin in Japan. Das Ziel eines Waldbades besteht darin, ein wenig abzuschalten und in der natürlichen Umgebung aufzugehen, wobei alle Sinne genutzt werden. Eine Studie des NCBI (National Center for Biotechnology Information) stellte einen Vergleich an: ein Spaziergang durch die Stadt versus ein Spaziergang im Wald. Die körperliche Anstrengung war vergleichbar, doch führte der Waldspaziergang außerdem zu einer signifikanten Senkung des Blutdrucks und des Stresshormonspiegels im Blut der Teilnehmer.

Auf der offiziellen Internetseite des Waldbadens heißt es, dass ein Spaziergang im Wald das Immunsystem anregt sowie Stimmung, Schlaf und Virilität verbessert. Begib dich in den Wald. Gehe langsam. Atme. Öffne alle deine Sinne. So funktioniert die *Shirin-yoku*-Waldtherapie, die Heilmethode, die nicht mehr und nicht weniger als einen Besuch im Wald beinhaltet. Wenn du dir die Lehren des Waldes zu Herzen nimmst, wirst du dein Leben bereits um einiges kreativer und achtsamer gestalten, du musst bloß genau hinsehen. Die Natur ist unerschöpflich. Es gibt Hunderte Arten, sich von der Erde inspirieren zu lassen. Wenn du genau hinsiehst, wirst du sehen, dass in der Natur alles ausgesprochen fein kalibriert ist, dass es keinen Zufall gibt, wenn es darum geht, wo und wie die Dinge wachsen, dass alles

Leben auf bestimmten Mustern basiert. Die Inspiration, die du daraus ziehen kannst, ist grenzenlos. Je verbundener du der Natur bist, desto ausgeglichener wirst du dich in deinem Leben fühlen.

Ratschläge zur Gestaltung

Sei offen für neue Arten der Schönheit. Du musst dich gar nicht an den wildesten oder exotischsten Orten aufhalten, um besonders ansprechende Objekte aufzulesen. Mach einen Spaziergang. Wähle eine Strecke, die du schon oft gegangen bist, und sei besonders aufmerksam. Du wirst Farben, Formen und Muster finden, die dich inspirieren. Schau nach oben, aber auch nach unten, stelle fest, welche Farben dir gefallen, welche Formen dir gefallen, ob du es lieber magst, dich von Bäumen umgeben zu fühlen, oder ob du die Weite eines Feldes vorziehst. Magst du lieber helle, sonnige Tage oder solche, an denen der Himmel launisch und grau ist? Sobald du festgestellt hast, was du magst, kannst du versuchen, diese Stimmungen mit Hilfe von Farbe, Textur, Licht und Raum in unterschiedlichen Bereichen deines Zuhauses abzubilden.

Eine der simpelsten Gestaltungsregeln besteht darin, vom Boden in Richtung Decke zu denken. Von dunkel nach hell. Wir nennen es die natürliche Logik des Lichtes. So sollte der Boden, sprich die Erde an sich, am dunkelsten sein. Je weiter sich das Auge dann der Decke nähert, umso heller wird es Stück für Stück. Unser Blick tastet sich durch Bäume und Blätter, bis wir an der Decke das größte Maß an Helligkeit erreichen. Manche Regeln werden nur gemacht, um gebrochen zu werden, doch wir lieben diese hier, weil sie so unheimlich einfach ist.

Natürliches Licht

Lass deine Räume von natürlichem Licht bestimmen. Wenn du es etwas geschützter und gemütlicher magst, schaffe dir einen ruhigen Raum, in dem du arbeiten oder lesen kannst. Du könntest ihn dunkelblau oder grün streichen, idealerweise handelt es sich um einen Raum, in dem möglichst wenig natürliches Licht durchs Fenster fällt. Wenn das Licht nun gerade dort, wo du es gern dunkler hättest, besonders hell ist, kannst du mit dunklen Holzrollos Abhilfe schaffen. In allen anderen Räumen solltest du das natürliche Licht zu deinem Vorteil nutzen, denn es hebt fast immer die schönsten Aspekte eines Raums hervor, selbst in jenen Räumen, die in dunkleren Farben gestrichen sind. Verwende leichte, lichtdurchlässige Gardinen, die dich dennoch vor den Blicken von draußen schützen. Wo es wenig natürliches Licht gibt, kannst du zusätzlich mit künstlichem Licht arbeiten, um die Atmosphäre zu verändern. Lampen, die nach oben ausgerichtet sind, können einen eher dunklen Raum heller machen, auch mit durchsichtigen Tischen oder Regalbrettern aus Metall kannst du diesen Effekt erzielen. Hänge gegenüber dem Fenster einen Spiegel auf, und wenn du gern eine wärmere Atmosphäre haben möchtest, kannst du die Wände, statt in reinem Weiß, in mattem Cremeweiß streichen. Farbe und Kontrast lassen einen Raum auf ganz natürliche Art und Weise wärmer erscheinen. Nutze die Schattenwürfe und Reflektionen dekorativer Elemente, die in der Nähe eines Fensters platziert werden, ja, auch die Bäume vor dem Fenster kannst du an dieser Stelle mit einbeziehen. Lass natürliches Licht in deinen Räumen spielen und mitgestalten.

Aus der Natur schöpfen

Wer sich mit offenen Augen in die Natur begibt, der wird nicht nur schöne Objekte für sein Zuhause finden, sondern auch alltägliches Staunen in sein Leben holen. Lass dich von den Formen und Farben der Natur verzaubern. Sei spontan. Halte die Augen offen, entdecke die Dinge. Ein am Wegesrand gefundener Zweig gehört zu unseren liebsten Objekten. Nimmt man einen solchen Zweig mit nach Hause, entfaltet er durch seine einzigartige Form und die Art und Weise, wie er in den Raum ragt, sofort eine besondere Wirkung. Ein Stück trockenes Holz eignet sich auch sehr schön als Mittelarrangement auf einer Tafel. Von einem großen sonnengebleichten Ast kannst du eine Lichterkette oder Glühbirnen baumeln lassen oder ihn aufrecht in eine Ecke stellen. Du kannst auch jeden beliebigen Ast an eine Wand hängen oder Schmuck daran aufhängen. Wir sammeln auf unseren Reisen oftmals Steine – an Stränden, Seen oder im Wald. Aus Island haben wir eingehäkelte Steine mitgebracht (Kiesel, die mit einem Häkelbezug versehen sind). Sie liegen auf unseren Schreibtischen, um uns stets daran zu erinnern, dass die Schönheit der Natur zwar unübertrefflich ist, aber auch immer noch verstärkt werden kann. Hole dir diese natürliche Schönheit in dein Zuhause. Lege gestreifte Steine in eine Schale, in ein Waschbecken, neben die Badewanne, oder verwende sie als Türstopper. Lege deine Errungenschaften aus der Wildnis auf ein Regalbrett, hänge sie an eine Wand. Nichts trennt dich von der Natur. Es ist einfach, Schönheit entstehen zu lassen aus etwas, das bereits so schön ist.

NATUR

Materialien

Wenn du an größere Dinge denkst, die man nicht einfach von einem Spaziergang mitbringen kann, gibt es viele natürliche Materialien, mit denen sich dein Zuhause gleich organischer anfühlen wird. Holz ist das perfekte Material. Es ist warm und einfach, es gibt eine Vielzahl unterschiedlicher Sorten und Verwendungen. Es kann unbehandelt oder behandelt sein, gefunden oder gekauft, und es ist stets haltbar und ansprechend. Bereits gebrauchtes Holz ist eine wunderbare Lösung für eine gestalterische Mischung aus rustikal und modern. Eine Holzlösung ist immer nachhaltig und hat viel Charakter. Die Faszination, die in der Maserung und der Geschichte seiner Herkunft steckt, ist unheimlich präsent. Diese regelrecht überwältigende Schönheit, die aus der Kombination von Geschichte und Design entsteht, lässt sich wunderbar erleben, wenn man Orte wie das *Hill of the Hawk House* in Big Sur besucht, das aus dem Holz einer Brücke gebaut wurde, die früher einmal den Russian River in Kalifornien kreuzte und sich heute ebenso majestätisch wie zur Zeit seiner Erbauung im Jahr 1966 zeigt.

Kupfer ist eine großartige Ergänzung zu Holz. Ebenso modern, aber auch rustikal, kann es zudem etwas Glanz in einen Raum bringen, ohne dabei übermäßig auffällig zu sein. Die Patina eines alten Kupfertopfes kommt auch dann schön zur Geltung, wenn wir eine Zimmerpflanze hineinsetzen. Auch ein Kupferrohr kann im alltäglichen Gebrauch glänzen – wenn wir zum Beispiel Küchenutensilien oder Handtücher daran aufhängen. Arbeitsplatten und Ablagen lassen sich ebenfalls mit Kupfer gestalten, es ist eine gute Alternative, wenn es bereits eine größere Anzahl an Gegenständen aus Holz gibt. Auch wir beide besitzen je einen Esstisch mit einer Kupferplatte, und wir haben festgestellt, dass sie mit der Zeit bloß schöner werden.

Pflanzen

Wenn du an irgendeiner Stelle das Gefühl hast, dass etwas fehlt, versuche es mit einer Pflanze. Das ist die preiswerteste und schönste Art, unterschiedliche Texturen, Formen und Farben in einen Raum zu bringen. Zimmerpflanzen bringen Leben in ein Zuhause. Sie atmen. Im wahrsten Sinne des Wortes. Unsere liebsten, weil unkompliziertesten Pflanzen sind: Monstera, Drachenbaum, Echeverie, Aloe, Ficus Benjamini, Kakteen und unsere neuesten Lieblinge: Marimo Mooskugeln.

Sehr große Pflanzen sind für sich bereits Kunstwerke und damit auch echte Statements, die sogar als Raumteiler verwendet werden können. Eine große Pflanze wirkt wie eine lebendige Skulptur, kleine Hängepflanzen funktionieren wie Mobiles und eignen sich für große wie kleine Flächen. Sie können an der Wand angebracht werden, sich auf Regalen tummeln oder als kleine Indoor-Gärten inszeniert werden.

Pflanzen müssen nicht unbedingt in Töpfe gesetzt werden. Sei kreativ. Auch Schalen oder Vasen eignen sich zum Bepflanzen. Denke auch an Wasserpflanzen und daran, dass mehrere Pflanzen zusammen ein Ensemble bilden können, beispielsweise in einer Art Terrarium, wobei natürlich unterschiedliche Farben, Texturen und Materialien miteinander kombiniert werden können. Ihre grüne Farbe kann das verbindende Element sein. Je näher wir uns der Natur fühlen, umso stärker ist unser Impuls, uns für ihren Erhalt einzusetzen. Und wenn du dich von ihr inspirieren lässt, bedenke stets, was du nimmst und was du dafür zurückgeben möchtest. Verhalte dich beim Sammeln in der Wildnis stets verantwortungsbewusst. Vielleicht legst du einen mit Flechten bedeckten Stock auf ein Regalbrett, um dich daran zu erinnern, dass es sich mal um etwas Lebendiges gehandelt hat, das nun bei dir lebt. Die Natur ist uns gegenüber sehr großzügig. Wir sollten versuchen, ihr dieselbe Höflichkeit zu erweisen, die sie uns entgegenbringt.

Ein Spaziergang in der Natur

Eigentlich sammeln wir bei jedem Spaziergang etwas
auf: Steine, Zweige, Moos und Samenhülsen. Uns ist
das Sammeln bereits in Fleisch und Blut übergegangen.
Wenn es dir nicht so geht, solltest du damit anfangen,
nach draußen zu gehen. Oft. Mache einen Spaziergang,
ohne dir davon etwas Bestimmtes zu erhoffen. Lass dich
treiben. Wenn du doch nach etwas ganz Bestimmtem
suchst, kannst du einen Jutebeutel, eine Gartenschere
und ein paar Gartenhandschuhe mitnehmen. Sei achtsam.
Sieh dir genau an, was dich interessiert. Denke daran, den
Blick in alle Richtungen schweifen zu lassen. Schneide
einige Zweige ab, sammele ein paar Stöcke auf, halte
die Augen offen nach am Boden liegenden Vogelfedern.
Finde Dinge, die bereits verblüht und abgefallen sind.
In der Natur gibt es immer etwas Schönes zu entdecken
und in deinem Haus eigentlich immer einen Platz dafür.

Sobald deine Sammlung größer zu werden beginnt, kannst du die Dinge rotieren lassen oder durch ein neues Teil ersetzen. Ein einfaches Blumengebinde ist eigentlich zu jeder Jahreszeit schön. All diese Schätze aus der Natur können auf Tabletts, in Vasen oder auch auf dem oberen Rand eines Bilderrahmens drapiert werden. Wir mögen übereinandergestapelte Steine ebenso sehr wie Bücherstapel. Verwende eine Vase, um getrocknete Samenhülsen aufzubewahren. Kombiniere sie mit haltbaren selbstgetrockneten Pflanzen wie der quietschgelben Craspedia – auch Trommelstock genannt oder mit Lavendel und Eukalyptus.

Du kannst auf jedem Spaziergang sammeln.
Mit den Augen oder mit den Händen verborgene Schätze und die Umgebung aufnehmen.

4
Sinne

In die Natur begebe ich mich zum Trost,
um geheilt zu werden,
meine Sinne klären zu lassen.

———————

John Burroughs

Design wird stets besser, wenn es Gefühle auslöst.
Bei der Gestaltung deiner Räume solltest du versuchen,
alle Sinne anzusprechen, damit der Raum ausgefüllt
ist. Auf diese Art machst du deine Räume erfahrbar.
So werden sie auch dich, deine Familie und Besucher
berühren, wenn sie sich darin aufhalten. Indem du alle
fünf Sinne ansprichst, also Sehen, Hören, Riechen, Berühren und Schmecken, kann eine einzigartige Stimmung entstehen. Denke an eine Erinnerung, die du
gern hast. Frage dich, wie dieses Erlebnis dich, deine
Werte oder dein Empfinden für Ästhetik geprägt haben
mag. Versuche, das Erlebnis zum Leben zu erwecken,
indem du dir folgende Fragen stellst:

Ich habe gesehen ...?
Ich habe gehört ...?
Ich habe gerochen ... berührt ... geschmeckt ...?

Einige unserer Erinnerungen sollen dir eine Vorstellung davon geben, was wir meinen:

DQ: Ich erinnere mich noch genau daran, wie ich
zum ersten Mal die Wohnung meiner Cousine Jane in
New York betrat. Ich muss ungefähr zwölf Jahre alt gewesen sein, sehr leicht zu beeindrucken und nicht sehr

stilbewusst. Es war Winter, und nachdem wir uns in die achte Etage geschleppt hatten, fanden wir uns plötzlich in einer Art sinnlichem Wunderland wieder. Meine Cousine erwartete uns bereits mit heißer Schokolade, die sie in antiken Teetassen servierte. Sie nahm uns die Jacken ab und hängte sie in ihren Schlafzimmerschrank zu den alten seidenen Nachthemden. Es war die fantastischste Garderobe, die ich je gesehen hatte. Voller Staunen schaute ich mich um, sah die hohen Bücherstapel, dazwischen kleine Schätze: antike Figürchen, handgeschriebene Postkarten, getrocknete Blumen auf den Regalen. Der Geruch von Kerzen und frischen Blumen war kaum wahrzunehmen, aber da.

Ich saß auf einem übergroßen Kissen auf dem Fußboden, direkt neben der mit Perlmuttfliesen versehenen Badewanne (die in der Küche stand) und lauschte ihren Geschichten von den Zeiten, als die Wohnung noch vollkommen heruntergekommen gewesen war, während im Hintergrund brasilianischer Jazz lief, dem ich zeitweilig erlag. Sie gab uns das Gefühl, willkommen und etwas Besonderes zu sein – als habe man uns Zutritt zu einem geheimen Ort voller persönlicher Schätze gewährt. Sie hatte diese Art an sich, roter Lippenstift und so, und ich begriff, was Stil war – und dass sie ihn besaß. Ihr Zuhause war genau wie sie – voller Feinheiten, außergewöhnlich und sehr anregend. Ich bin seitdem viele Male dort gewesen, und die Anziehung dieses Ortes hat nicht nachgelassen. Jedes Mal entdecke ich etwas Neues, Kluges und Schönes.

SF: Ich komme aus einer ordentlichen Familie. Vor allen Dingen weil wir aus Hongkong stammen, wo Raum und Alleinsein einen großen Luxus darstellen. Wenn du auf 20 Quadratmetern lebst, gibt es für Unordnung keinen Platz. Meine Familie lebte schon immer unheimlich bedacht. Meine Eltern sind beide geschickt (zwangsläufig) und haben mir beigebracht, wie wichtig Kleinigkeiten sind. Sie haben sich die Zeit genommen, mir die Schönheit von Kalligraphie, Kunst, Holzhandwerk, Musik, Geschichte, älteren Menschen, Abenteuer und Karma nahezubringen. Ich habe Hongkong schon vor langer Zeit verlassen, aber ich kann die Hitze und Feuchtigkeit immer noch abrufen, das selbstgekochte Essen meiner Tante jederzeit riechen.

Ich kehre häufig zurück. Ich finde Ruhe im Tumult, die Lichter und die Energie geben mir das Gefühl, lebendig zu sein, das Essen der Straßenverkäufer kann ich schon schmecken, wenn ich nur daran vorbeigehe, ich kann das Dettol riechen, mit dem die Familien nach dem Essen ihre Fußböden reinigen, bevor aus dem Esszimmer wieder das Wohn- und Schlafzimmer wird und die Tische zur Seite geräumt werden.

Heute sehe ich, wie diese Erfahrungen mich geformt haben, wie ich meine Ästhetik mit meiner Sehnsucht vereinbaren kann, sowohl mit der Stadt als auch mit der Wildnis. Am Nordwestpazifik, wo ich heute lebe, kann ich nachts die Kojoten hören. Ich erlebe die Jahreszeiten, ich kann die Veränderung jedes Mal spüren. Ich esse, was um mich herum wächst. Das hat schon immer in mir gesteckt. Es kommt von meiner Familie väterlicherseits: in seiner Familie war man Bauer und Landarbeiter. Mein Stil ergibt sich aus dieser Dichotomie. Das Alte und das Neue, der Osten und der Westen, Stadt und Land. Ich sehne mich nach sinnlicher Überforderung. Ich muss mit allen Sinnen leben, und das brauche ich auch in meinem Zuhause.

Wenn wir alle unsere Sinne benutzen – anstatt bloß zu sehen –, beginnen wir einen Dialog mit den Räumen um uns herum. Wir werden präsenter, kreativer, wir werden stimuliert. Ein wenig wie beim Waldbaden erleben wir so unsere unmittelbare Umgebung aus einer

neuen Perspektive. Ob du nun ein paar Kräuter an den Duschkopf bindest, eine Wand streichst, Tüll über ein Himmelbett hängst, persönliche Fotos aufstellst oder dein Waschbecken mit Steinen füllst – jedes Detail, das du hinzufügst, ermuntert dich und jeden, der dein Haus betritt, aufmerksamer zu sein. Jeder Raum sollte alle Sinne ansprechen.

Sehen

Das Sehen spielt im Zusammenhang mit Stil dennoch eine wichtige Rolle, und zwar nicht allein, weil es so offensichtlich ist. Tatsächlich ist es ziemlich komplex. Die visuelle Wahrnehmung erlaubt es uns, subtile Impulse zu setzen, die eine bestimmte Stimmung hervorrufen. Farbe kann ein solcher Impuls sein, sie hat fast immer einen unmittelbaren Effekt, kann ein Statement sein, das eine Stimmung abbildet oder hervorruft, und eine wunderbare Ausgangsposition für unsere Gestaltung schaffen. Details und andere tonangebende Gestaltungselemente wirken auf der Bühne, die wir mit unserer Farbauswahl schaffen. Fasziniert dich die Farbe des Eukalyptusblattes oder zieht es dich eher zum knalligen Effekt einer Hibiskusblüte? Du kannst einzelne Farbkleckse als anregende Akzente einsetzen, ein Statement wagen, oder du kannst dich für ruhigere, neutralere Töne entscheiden. Leuchtende Farben regen an, während warme Farben tendenziell einen beruhigenden Effekt haben. Denke beispielsweise an dein Arbeitszimmer oder Atelier. Grün regt die Kreativität an. Weiß lenkt nicht ab, Petrol wirkt inspirierend. Diese Farben müssen nicht überwältigend sein oder alle Wände betreffen. Sie können auch einen kleinen Auftritt haben – vielleicht als Grundfarbe für dein Moodboard. Grau und Blau sind beruhigende Farben. Vielleicht magst du dir Bettwäsche in einem dieser Töne zulegen.

Wenn wir uns dafür entscheiden, mit Farbe zu arbeiten, versuchen wir, uns an die 60-30-10-Regel zu halten. Halte 60 Prozent der Fläche einfarbig (zum Beispiel cremeweiße oder dunkelblaue Wände), 30 Prozent in einer weiteren Farbe (ein graues Sofa oder Walnussholzmöbel) und 10 Prozent Farbakzente (handgewebte Hmong Kissenbezüge, eine Messingvase und farbenfrohe Bildbände).

Hören

SINNE

Wenn du jemals überwältigt warst von *dem* perfekten Song, oder wenn dich das Getrampel der Nachbarn von oben schon einmal schier wahnsinnig gemacht hat, dann weißt du genau, wie stark deine Stimmung und dein Wohlbefinden von Geräuschen beeinflusst werden. Josh Davis schreibt in seinem Buch *Two Awesome Hours*, dass Umweltgeräusche – Hintergrundmusik, Stadtgeräusche, die Unterhaltungen anderer – die Produktivität bei den meisten Menschen hemmen. Und während ein wenig Geräusch im Hintergrund positives Denken anregt und leistungssteigernd wirken kann, ist Lärm meistens kontraproduktiv für konzentrationsintensive Aufgaben wie lesen. Ruhige Orte sind einfach besser.

Das nächste Mal, wenn du allein zuhause bist, höre genau hin. Erkenne, welche Geräusche ihren eigenen Charme haben, das Geräusch einer alten Uhr beispielsweise, und welche einfach nervig sind, wie eine quietschende Tür oder eine knarzende Diele. Ablenkung ist oftmals unvermeidbar, aber es gibt einige Tricks, Abhilfe zu schaffen. Richte dir ruhige Bereiche ein, die sich weit entfernt vom Fenster zur Straße, einem Heißwasserboiler oder dem Summen eines Geschirrspülers befinden. Auch weiche Materialien, Teppiche, jegliche Art von Textilien und Polstermöbeln

schlucken Geräusche. Wenn du Fenster zur Straße hinaus hast, kannst du mit dicken Vorhängen aus Wolle arbeiten. Nimm dir die Zeit, die Scharniere deiner Türen zu fetten. Wenn du quietschende, alte Türen im Haus hast, reibe etwas Babypuder oder Natron in die Nähte, damit das Holz weniger aneinander reibt.

Ausgleichende Geräusche zu schaffen ist oft wesentlich einfacher, als jene, die stören, zu beseitigen. Sie können uns bei der Konzentration helfen, wir können zu ihnen schreiben, tanzen oder mit Gästen einen schönen Abend verleben. Klassische Musik, sowie entspannte Hintergrundmusik hat uns zum Beispiel sehr dabei geholfen, dieses Buch zu schreiben! Versuche es mit Musik, einer White Noise App oder natürlichen Geräuschquellen, um störende Geräusche zu übertönen. Diese Quellen können selbstverständlich auch einfach dazu genutzt werden, eine bestimmte Stimmung zu schaffen. Am Ende dieses Buches wirst du Playlists finden, die wir zu diesem Zweck zusammengestellt haben.

Berührung

Eine Berührung kann einfache und unmittelbare Reaktionen hervorrufen.

Was wir berühren, beeinflusst unsere Wahrnehmung eines Raumes und die Art, wie wir uns darin bewegen. Eine angenehme Haptik wird deine Räume wärmer machen, Interesse wecken und einen Raum regelrecht vervollständigen. Eine Kombination aus unterschiedlichen Texturen wirkt anziehend und einladend.

Stell dir ein Wohnzimmer mit einem weichen Zweisitzer mit Armlehnen aus Holz vor. Oder ein Arbeitszimmer mit einem schönen Kissen auf einem Lederstuhl, der vor einer schwarzen Wand steht. Dazu eine bewegliche Ablage aus Holz, auf der sich kleine Metall-

körbchen und ein kleines Bar-Arrangement – eine
Karaffe, dazu ein paar Gläser – befinden. Probiere
aus, wie sich ein Juteteppich unter deinem kupfernen
Küchentisch macht, drumherum ein Mix aus unterschiedlichen Stühlen und dazu noch eine Bank, über
die vielleicht ein Schaffell drapiert ist. Ein wilder Farn,
der aus einer tiefhängenden Macramé-Pflanzenampel
herauslugt, könnte das Bild komplettieren.

Verteile Sukkulenten auf dem Fensterbrett. Verwende für jede Schublade einen anderen Knauf.
Diese vielen kleinen Details sind zum Berühren da.
Wir stehen auch wahnsinnig auf wollene Decken und
Schals. Diese einzigartigen, handgemachten Acces-
soires können einem Raum viel Charakter geben –
beispielsweise über der Armlehne eines Sofas oder
dem Fußende eines Bettes drapiert. Wir rahmen Block-
drucke und sind immer auf der Suche nach türkischen
Kelims, aus denen wir Kissenbezüge machen. Mit Na-
turfarben gefärbte Leinenstoffe können in der Küche
wunderbar als Tischdecken oder Servietten verwendet
werden. Wir lieben unsere Farbkleckse, weil sie sich
wunderbar von unseren Metallschränken, Holztischen
und neutral gehaltenen Sofas abheben.

Ebenso wie wir selbst uns nicht über einen einzelnen
Stil definieren, müssen wir auch bei der Einrichtung
unseres Zuhauses nicht einem einzelnen Stil folgen.
Wir können nur empfehlen, unterschiedliche Texturen,
Gegenstände aus verschiedenen Ländern sowie Farben
und Stile miteinander zu mischen. Komplexe Texturen
wecken Neugierde und locken den Betrachter, sich
ihnen zu nähern. Es erinnert uns ein wenig daran,
wie komplex und vielschichtig das Leben selbst ist.
So gibt es eben auch die unterschiedlichsten Elemente,
die einen Raum ausmachen.

Schmecken

Obwohl es nicht der erste Sinn ist, der uns einfällt, wenn wir an Inneneinrichtung denken, ist es doch einer unserer Sinne, der eine Erfahrung verstärken kann. Wenn wir eine Veranstaltung organisieren, eine Dinner Party ausrichten oder auch nur ein unaufgeregtes Abendessen bei uns zuhause machen, denken wir nicht bloß daran, *worauf* das Essen serviert werden soll, sondern auch, *was* wir servieren werden. Aromen und kulinarische Ideen müssen selbstverständlich in Betracht gezogen werden, wenn wir entscheiden, wie wir den Tisch decken werden (siehe: Wie man eine Tafel gestaltet auf Seite 121), welche Lichtquellen und welches Geschirr wir verwenden sowie natürlich die Art der Dekoration, die wir auf den Tisch bringen.

Du richtest einen Kindergeburtstag aus? Nun, vielleicht packst du das Porzellan besser beiseite. Bunte Tischwäsche und Fingerfood sind schon eher gefragt. Machst du ein Abendessen mit Nachbarn und Freunden? Biete deinen Gästen eine Bar, an der sie sich selbst bedienen dürfen, dazu eine große Käseplatte (siehe: Wie man eine Käseplatte anrichtet auf Seite 121). Du willst eigentlich bloß etwas Aroma in deinen Alltag bringen? Eine Schale mit frischen Clementinen auf dem Tisch ermuntert dich, zum gesunden Snack zu greifen und bringt gleichzeitig einen Farbklecks in den Raum.

Riechen

Unser Geruchssinn weckt wohl die meisten Assoziationen in uns. Er kann einen ganzen Raum verändern und prägt unsere Wahrnehmung intensiv. Der Geruchssinn ist unser ursprünglichster Sinn. Gerüche prägen unser

Handeln auf der Instinktebene, sie beeinflussen uns, ohne dass wir es überhaupt wahrnehmen. Gerüche können vergessene Erinnerungen zum Leben erwecken und den Reiz eines Ortes oder eines Produktes verstärken. Ein Geruch kann gezielt eingesetzt werden, um eine bestimmte Stimmung hervorzurufen.

Für unsere Küche wünschen wir uns einen einladenden Geruch, im Büro einen, der anregt, Frische im Badezimmer, und im Schlafzimmer mögen wir es eher beruhigend. Gerüche beeinflussen Gefühle. Sie können unser Wohlbefinden steigern. Wenn wir einen angenehmen Geruch wahrnehmen, kann das einen positiven Einfluss auf unseren Geist haben und unsere Stimmung verbessern.

Wenn du dir mehr Sinnlichkeit in deinem Leben wünschst, funktioniert das am besten über Gerüche. Du kannst dafür Duftkerzen oder Räucherstäbchen, Duftspender, Blumenarrangements oder Kräuter verwenden. Im Schlafzimmer wirken Lavendelsäckchen entspannend. Aromatherapie gibt es mittlerweile auch in Form von Raumsprays. Du kannst dir aber auch ätherische Öle besorgen und selbst ein Raumspray herstellen. Für einen kleinen Kick am Morgen kannst du etwas Eukalyptus oder Melisse am Duschkopf befestigen. Das warme Wasser wird die ätherischen Öle aus den Blättern freisetzen. Bringe mit frisch geschnittenen Blumen etwas Lebensfreude in dein Wohnzimmer. Einige unserer duftenden Favoriten sind Flieder, Pfingstrose, Hyazinthe und Jasmin. Bringe etwas Bergamotte oder Minze aus dem Garten ins Haus und hänge sie kopfüber in der Küche auf, um dem Raum zusätzliche Energie zu verleihen. Lass eine Zedernholz- oder Nerolikerze im Wohnzimmer brennen, um Anspannung zu lösen. Wenn du ein wenig deprimiert bist, verwende Geranium- oder Salbeidüfte. Und der beste Geruch von allen? Frische Luft. Denke

daran, zwischendurch alle Fenster weit zu öffnen und
das Haus gut durchzulüften.

Wir versuchen, unsere Sinne zu stimulieren so oft es
geht, ob wir nun einen Raum gestalten, eine Dinner-
Party veranstalten oder einfach etwas haben möchten,
worauf wir uns beim Heimkommen nach einem langen
Tag freuen können. Daraus kann man eine wunderbare Lebenseinstellung machen. Bedenke auch andere
Faktoren wie Nostalgie, Gelassenheit und Humor, auch
ihnen möchtest du in deinen vier Wänden Raum geben.
Die Schönheit liegt wie immer im Detail.

Was ich tief in meinem Herzen
und schon immer weiß:
die Seele lebt von nichts anderem,
ja, sie besteht aus
nichts anderem als Aufmerksamkeit.

———————

Mary Oliver

Natürlich handelt es sich nur um Kleinigkeiten, doch du solltest sie nicht unterschätzen. Sie spielen eine große Rolle dabei, aus deinem Haus ein Zuhause zu machen. Wenn sie gut in Szene gesetzt sind, können kleine Details echte Statements sein, die deine Räume zu etwas Besonderem machen, ja, den Raum regelrecht prägen. Details lösen Erinnerungen aus, sie verändern die Erfahrung. Sorgfältig ausgewählte Kunst- oder Design-Elemente reichen nicht aus. Details sprechen zwischen den Zeilen. Ihre Wirkung entfaltet sich durch das *Prutsen*, denn es geht um das Wie und das Warum. Jeder Raum bietet Möglichkeiten, Schönheit entstehen zu lassen. Sieh dich um, betrachte jeden Aspekt eines jeden Objekts, nicht zuletzt seinen Nutzen, und du wirst Zufriedenheit empfinden. Es geht um die Freude beim Anblick der kleinen Schale neben dem Waschbecken, in der du beim Abwaschen deinen Ring ablegst, ein Geschenk deiner besten Freundin. Dasselbe Gefühl wird sich beim Anblick des hölzernen Schraubenziehers deines Großvaters in der Werkzeugschublade einstellen. Und es ist auch nicht bloß ein Stapel Bücher, es ist eine Auswahl der Bücher, die du liebst, die du zeigen möchtest, und in einem von ihnen steckt die Feder, die du als Lesezeichen verwendest.

Solche Details bringen Gefühle und Geschichten ins Haus, es sind die Dinge, die deinen Raum anfüllen, die dich hineinziehen und dich zur Ruhe kommen lassen. Wenn du beim Gestalten einen Zweck vor Augen hast, wirst du mehr Achtsamkeit in dein Zuhause und damit auch in dein Leben bringen. Sobald wir anfangen, aufmerksam zu sein, beginnt auch die Kreativität. Du verleihst deinen Besitztümern, und damit auch dir selbst, Wurzeln.

DQ: In meinem Haus gibt es einen Stock, den ich bislang an jeden meiner Wohnorte, mitgenommen habe. Es ist ein Wanderstock, mein Vater hat ihn vor mehr als zwanzig Jahren im Campingurlaub geschnitzt. Er ist ganz schlicht, mehr oder weniger gerade und fällt eigentlich kaum auf, wenn man davon absieht, dass er an der Wand hängt. Er hat keine aufwändigen Details, er sagt eigentlich ganz wenig, aber er ist seit Ewigkeiten das Zentrum meines Lebens. Und genau darin besteht das Geheimnis: Fülle dein Haus mit Dingen, die nicht nur zur Atmosphäre deines Hauses, sondern auch zu deinem Lebensgefühl beitragen.

SF: Ich habe eine handgeschmiedete Feder auf dem Schreibtisch. Ich kann mich noch genau an den Schmied erinnern, der sie gefertigt hat, und an die Zeit, die verging, bis ich sie in meinen Händen hielt. Ihr Anblick lässt mich zu diesem Tag zurückkehren. Ich denke an Freundlichkeit. Meistens sind es diese Kleinigkeiten und Objekte, die mir die größte Freude bereiten und die süßesten Erinnerungen wachrufen. Und diese Dinge bemerke ich stets, wenn ich das Haus eines anderen Menschen betrete. So lohnt sich Aufmerksamkeit eigentlich immer.

Etwas mehr Zeitaufwand, ein bisschen mehr Mühe fallen eigentlich immer auf, es ist die Aufmerksamkeit

und Verbindlichkeit einer handgeschriebenen Karte.
Indem du Prioritäten setzt, herausfindest, welche Teile
notwendig oder besonders geliebt sind, wird es dir gelingen, den wichtigen Dingen Raum zu geben, damit
sie glänzen und atmen können.

Die Do-Lectures in den USA

Auf einem wunderschönen Weingut in Hopland,
Kalifornien, direkt am Ufer des Russian River, liegt
das Campovida, der Austragungsort für die Do-Lectures in den USA. Den Menschen hier – und ganz besonders den Besitzern Anna und Gary – sind Details
sehr wichtig.

Jedes Jahr werden für die 80 Teilnehmer Tipis aufge-
baut, in denen sie während der vier Tage andauernden
Veranstaltung übernachten. Die Zelte sind eine weiße
Leinwand. Im wahrsten Sinne des Wortes. Am Anfang
sind es nur bloßer Erdboden und Zelttuchwände mit
wunderschönen Holzbalken, die das Ganze zusammen-
halten. Mit Hilfe unzähliger kreativer Geister und ihren
helfenden Händen schauen wir zunächst, was wir
haben und was wir zum Einsatz bringen können, um
diese Camping-Erfahrung für die Teilnehmer so ange-
nehm wie möglich zu gestalten. Wir halten uns dabei
an die gleichen Prinzipien, die wir auch bei der Gestaltung eines Schlafzimmers berücksichtigen würden.
Wir beginnen mit den Möbeln. Wir haben Camping-
betten, Heuballen, einfache Teppiche, Decken und den
großen wilden Garten.

Wir beginnen also mit frischer Bettwäsche, einem
schön gemachten Bett mit einer Wolldecke und
einem Lavendelsäckchen auf dem Kissen. Dazu ein
Baumstumpf neben dem Bett, auf dem persönliche
Gegenstände abgestellt werden können. Schließlich

ein großer Krug mit Wasser, eine Taschenlampe am Eingang des Zeltes und eine Gebetskerze für eine warme Atmosphäre. Dann gibt es noch eine Willkommenskarte, eine Landkarte und einen Zeitplan, damit die Besucher sich willkommen geheißen fühlen und wissen, dass wir uns um sie kümmern werden. Die abschließenden Vorkehrungen reichen vom rein Praktischen bis zum Luxuriösen – ein Blumenstrauß, der von der Mitte jedes Tipis herunterhängt und ein Palo Santo Ritual (ein reinigendes, heiliges Holz aus Südamerika, das nach Pinie, Minze und Zitrus duftet).

Ein mit einer Decke versehener Heuballen vor der Tür bietet den Gästen eine Sitzgelegenheit, wo sie ihre Schuhe ausziehen, in die Sterne blicken und den Tag Revue passieren lassen können. Sogar aus nichts kann man etwas Schönes machen, einen sinnlichen Ort entstehen lassen. Alles was es braucht sind Details. Wenn du einmal darauf achtest, welche Orte sich besonders perfekt anfühlen, dann sind es jene, an denen du weißt, dass sich hinter jedem Objekt im Raum eine Geschichte oder eine Absicht verbirgt. Es ist der Beistelltisch, der genau die richtige Höhe hat, um darauf einen Drink abzustellen, die warme Decke auf dem Sofa gegen kalte Füße oder das weiche Kissen, auf das du deinen Kopf betten kannst. An einem solchen Ort gibt es anregende Kunst, ruhige Farben, eine kühle Brise oder einen warmen Duft. Solche Details gibt es, wenn man sich Gedanken darüber gemacht hat, wie die Gestaltung des Raumes alle Sinne erreichen kann. So gibt es auch genau die richtige Menge an Pflanzen, und die Beleuchtung ist perfekt. Hier hängen deine Fotos und deine Andenken. Hier hast du an jede Kleinigkeit gedacht.

Jetzt musst du bloß noch den richtigen Weg finden, all das mit anderen zu teilen.

Zusammenleben ist eine Kunst.

William Pickens

Die meisten von uns teilen ihr Zuhause mit Mitbewohnern, Partnern oder Kindern. Und während sich dein Zuhause natürlich besonders für dich genau richtig anfühlen sollte, darf es doch auch auf die Bedürfnisse derjenigen eingehen, mit denen du es teilst. Und so ist es ja eigentlich in allen Lebensbereichen. Natürlich kann dein Zuhause trotzdem Charakter, Stil und eine klare Linie in der Gestaltung aufweisen. Manchmal braucht es bloß den einen oder anderen Kompromiss.

Stelle fest, welche Bedürfnisse die Menschen haben, mit denen du deine Räume teilst. Rücksicht ist das oberste Gebot, um die Präferenzen, Wünsche und Bedürfnisse aller miteinander zu vereinbaren. Die wichtigste Voraussetzung ist Ordnung. Je mehr Menschen ein Zuhause teilen, umso schwieriger wird das. Versuche es trotzdem. Egal mit wem du zusammenlebst, designiere verbindliche Orte für praktische Dinge. Installiere ein Regal für Handtücher, Bettwäsche und zusätzliche Hygieneartikel. Etabliere ein System, in dem klar ist, wo Geschirr, Becher und Besteck hingehören. Schaffe einen Ort für Gewürze und Snacks, genauso wie für Bücherstapel, Post, Schlüssel und Taschen. Je besser organisiert dein Zuhause ist, umso leichter wird es allen fallen, dass das auch so bleibt.

Leben ...

Zu zweit

Ein Leben zu teilen bedeutet auch, Dinge zu teilen. Wenn zwei Menschen zusammenziehen, ist es sehr wahrscheinlich, dass beide bereits Möbel haben. Seht euch an, was ihr habt, was ihr braucht und was ihr loswerden möchtet.

Stellt gemeinsam eine Liste von persönlichen Werten auf, schreibt auf, was jeder Einzelne von euch schätzt. Dabei kann es um ästhetische Fragen (Minimalisten vs. Maximalisten, Farbpräferenzen, Kunstgeschmack, Schönheit vs. Komfort) und den finanziellen Rahmen gehen. Wieviel seid ihr bereit, für das gemeinsame Zuhause auszugeben?

Triff beim Aussortieren keine übereilten Entscheidungen, wäge das Für und Wider eines jeden Gegenstandes sorgfältig ab. Vielleicht hat eines der beiden Sofas ein interessantes Design, dafür ist das andere bequemer. Und auch wenn einer der beiden Sofatische schöner ist, vielleicht handelt es sich bei dem anderen um ein Erbstück. Sei fair. Sei empathisch. Wir fühlen uns unseren Dingen gegenüber oftmals sehr verbunden, ohne dass wir es wirklich erklären können. Teilt einander mit, welche Dinge euch wirklich wichtig sind. Antike Likörgläser auf einem Sideboard aus den fünfziger oder sechziger Jahren können gleichzeitig ein großartiges Zuhause für eine Wackelkopffigurensammlung bieten. Gemeinsam könnt ihr Euren Geschmack weiterentwickeln. Schönheit liegt wesentlich öfter im Kompromiss, als man meinen würde.

In einer Wohngemeinschaft

Der gesündeste Weg, ein Heim zu teilen, besteht darin, sich über die Pioritäten auszutauschen. Kommuniziert miteinander. Wenn du gemeinsam mit Freunden oder Bekannten in ein Haus ziehst, müsst ihr wahrscheinlich Kompromisse eingehen, wenn es darum geht, wessen Möbel genutzt, welche behalten und welche neu gekauft werden. Und weil ihr wahrscheinlich nicht ein Leben lang zusammenleben werdet, seid möglichst pragmatisch und rücksichtsvoll. Falls dir ein Möbelstück sehr am Herzen liegt, aber nicht wirklich in die Gemeinschaftsräume passt, kannst du es immer noch in dein Schlafzimmer stellen.

Investiere viel Liebe in deine persönlichen Bereiche. Dein Schlafzimmer wird dein Rückzugsort sein, also achte darauf, dass es deiner Vorstellung von Gemütlichkeit entspricht. Wir haben festgestellt, dass Menschen unterschiedlich großen Wert auf die verschiedenen Räume in einer Wohnung legen. Findet Kompromisse, geht aufeinander zu. Euer geteiltes Heim sollte zugänglich und funktional sein, aber auch Freude bereiten. Kombiniert unterschiedliche Gestaltungselemente, so kommt Leben in euer Zuhause.

Mit Kindern

Mit all den Buntstiften, Spielsachen, Bauklötzen und Büchern, die sie um sich herum verteilen, kann das Leben mit Kindern ganz schön überwältigend sein. Es kann sein, dass Inneneinrichtung das Letzte ist, woran du jetzt denkst. Kreative Lösungen für das schnelle Verstauen von Dingen sind an dieser Stelle essentiell, denn insbesondere in geteilten Räumen ist es wahnsinnig hilfreich, wenn man eben mal aufräumen kann,

ohne dass es gleich zu viel Energie kostet. Es kann unheimlich wohltuend sein, wenn man wenigstens am Abend mal nicht den ganzen Kinderkram sehen muss, es kann einem das Gefühl geben, die eigenen Räume wenigstens für kurze Zeit zurückerobert zu haben. Besorge dir eine Truhe für Kinderspielzeug, in der du die herumfliegenden Kleinteile schnell verstauen kannst. Lege dir Kommoden mit großen Schubladen zu, um der Unordnung schnell ein Ende machen zu können.

Gleichzeitig kannst du versuchen, das Chaos zu integrieren (zumindest ein wenig). Installiere ein niedriges Regalbrett, an das auch Kinder heranreichen – darauf kann beispielsweise der handgemachte Holzwal Platz finden, mit dem auch du als Kind schon gespielt hast und den deine Kinder nun für sich entdeckt haben. Ein Stapel Kinderbücher kann genauso schön anzusehen sein wie ein Stapel Bildbände für Erwachsene.

DQ: Ich habe ein ausgeprägtes Stilbewusstsein und mag es, mich mit meinen Dingen zu umgeben. So ist das Teilen eine tägliche Herausforderung. Derzeit teile ich mir eine kleine Wohnung mit meinem Partner, einem großen Hund und einem Baby. Zu entscheiden, wann ich loslassen und Zugeständnisse machen kann, ist eine Herausforderung. Gleichzeitig fällt es mir seitdem leichter, gestalterische Entscheidungen zu treffen. Ich fühle mich sogar kreativer. Und obwohl ich natürlich gern ein Atelier, weitere Schlafzimmer, eine größere Küche und mehr Stauraum hätte, haben mich diese Einschränkungen durchaus erfinderisch gemacht. Ich finde ständig neue Möglichkeiten, Dinge unter Möbeln zu verstecken (Holzkisten unter meinem Sofa, unter Kommoden oder in Schränken gestapelt), damit meine Wohnung weiterhin so aussieht, wie ich es möchte.

SF: Ich liebe meine persönlichen Ecken. Es macht mir nichts aus zu teilen, weil ich ständig kleine Strukturen schaffe, die nur mir allein gehören. Einige meiner Lieblingsdinge befinden sich auf einem Tablett, andere auf meinem Schreibtisch, meinem Nachttisch, in meinen Schubladen oder in meiner Tasche. Das reicht mir. Ich habe auf Hausbooten gelebt, in winzig kleinen Apartments, in einem umgebauten Hühnerstall auf einem Bauernhof, ja sogar in einer Jurte. Stil und Persönlichkeit brechen sich eigentlich immer Bahn. Ich glaube nicht, dass die Anzahl der Quadratmeter irgendetwas darüber sagt, was man mit den Räumen anfangen kann.

Natürlich habe ich am liebsten einen Raum, der mir gehört (mein liebster Raum ist meistens mein Büro, wenn denn der Platz für eines vorhanden ist), doch wenn ich dabei ausreichend rücksichtsvoll bin, kann ich auch gestalterisch dafür sorgen, dass ich mich mit den Räumen identifiziere, selbst wenn es nur ein kleines Eckchen ist.

Einer geteilten Wohnsituation kannst du zunächst begegnen wie jeder anderen: entscheide, wo du unterschiedliche Dinge unterbringen möchtest. Stelle fest, ob es genügend Stauraum gibt, genug Regalfläche. Lasse den anderen Raum für ihre liebsten Besitztümer. Denke daran, dass ein wohlgestaltetes Zuhause selten einen homogenen Stil hat. Unterschiedliche Texturen können eine verbindende Funktion haben – vielleicht sogar ganz besonders dann, wenn sie nicht zusammenpassen. Möglicherweise geht daraus sogar ein ganz neuer Stil hervor. Achte auf ausreichende Kommunikation darüber, was funktioniert und was nicht, denn das ist das Wichtigste, wenn man Räume miteinander teilt.

Verstauen und Ordnen
mit Stil

Der erste Schritt auf dem Weg zu stilvollem Stauraum besteht darin, weniger Krempel anzusammeln. Wenn dein Haus aus allen Nähten platzt, kann das leicht überwältigend wirken. Selbst wenn du dein Zuhause mit niemandem teilst, stell dir vor, es wäre so. Dinge brauchen ihren Platz. Wenn es keinen Ort für einen Gegenstand gibt, stelle dir die Frage, ob du ihn wirklich brauchst. Eigentlich sollte man sich zu Beginn einer jeden Jahreszeit die eigenen Sachen ansehen und sich fragen, ob unnötige Dinge wertvollen Platz wegnehmen. Geh von Raum zu Raum, sieh dir die Dinge einzeln an und frage dich, wie wichtig sie dir sind. Frage dich, ob es praktisch ist, eine

bestimmte Bedeutung hat oder dich einfach nur glücklich macht. Wir glauben nicht an die gute alte Kramschublade. Es ist viel zu einfach, Dinge hineinzuwerfen, an die man dann nie wieder denkt. Wir haben Schubladen mit Kram darin, aber es ist sortierter Kram. Außerdem ist es für uns auch nicht wirklich Kram.

Innerhalb deiner Schubladen kannst du kleine Kistchen und Gläser nutzen, um Dinge ähnlicher Art aufzubewahren, die sich über die Zeit hinweg ansammeln (Gummibänder, Büroklammern, Stifte, Briefmarken, Reißzwecken, Batterien, Bänder). Darüber hinaus sollten alltägliche Gebrauchsgegenstände (wie ein Block und ein Stift auf dem Küchentresen) sowie solche, nach denen wir im Bedarfsfall nicht erst suchen wollen (wie Schraubenzieher, Taschenlampen und Streichhölzer in einer ansprechenden kleinen Kiste neben der Haustür), stets griffbereit sein.

Wir lieben es, Dinge in Körben zu verstauen. Die große Auswahl an unterschiedlichen Modellen, von preiswert bis teuer, von winzig klein bis riesengroß, macht sie für jeden Haushalt zu einer äußerst sinnvollen Methode, Dinge zu verstauen. Es gibt sie aus Pappe, aus Stoff, Metall, Holz, Binsen, in den unterschiedlichsten Farben und Mustern. Der Effekt, den man so beispielsweise in Regalen erreichen kann, ist erstaunlich. Auch in Schränken, auf Beistelltischen und in Ecken wirken sie Wunder. Sie wirken in Gruppen arrangiert, aber auch für sich allein stehend, sie können alt sein oder neu, und man kann sie jederzeit in einem anderen Raum, einem anderen Bereich des Hauses und zu einem neuen Zweck verwenden.

In unserem Kapitel über Stil sprechen wir über Möbel, die mehrere unterschiedliche Funktionen bieten. Dasselbe gilt für Stauraum. Entscheide dich für einen Polsterhocker, der zugleich Stauraum bietet. Verwende Beistelltische, unter denen du einige deiner Körbe unterbringen kannst, oder nimm gleich welche, die über Schubladen verfügen.

Verwende Regale, die sowohl offene Bretter als auch Türen haben, hinter denen Dinge verschwinden können. Und auch unter ganz normalen Möbeln kann man Dinge verstecken, unter dem Bett kannst du Plastikboxen oder Rollschubladen verwenden. Kleine Kisten unter Sofas und Beistelltischen werden kaum auffallen. An diesen Orten bewahren wir Fernbedienungen und Ladegeräte auf. Bedenke, dass auch vertikal potenzieller Stauraum besteht, während der Raum parallel noch an Höhe und Reiz gewinnt (neben schicken Stauraumelementen kannst du an einer solchen Wand noch Bilder, Pflanzen oder dekorative Kleinigkeiten arrangieren). In die Höhe zu arbeiten ist oftmals einfacher, als auf einer bestehenden Fläche in die Tiefe zu gehen.

Natürlich kann dir dein Kram schon mal zu viel werden. Das Verstauen von Dingen ist eine ununterbrochene Herausforderung in unserem Leben. Sei gut zu dir selbst, akzeptiere, dass auch du nur ein Mensch bist. Echte Perfektion ist vor allen Dingen eine Sache des Gefühls, und auf deine Gefühle solltest du dich hier konzentrieren.

Im Leben habe ich gelernt, dass Menschen
vergessen, was du gesagt oder getan hast,
aber das Gefühl, das Du ihnen gegeben hast,
das vergessen sie nie.

Maya Angelou

**Während dein Zuhause sich natürlich vor allen Dingen
nach deinen Bedürfnissen und deiner Vorstellung von
Ästhetik richten sollte, ist es doch immer ein besonderes Gefühl, wenn es einem gelingt, dass andere sich
sofort wie zuhause fühlen, egal ob es nur für einen
kurzen Besuch oder für länger ist.**

Von der Dinner-Party zur Übernachtung einer Freundin, die sich auf der Durchreise befindet und dringend
ein Bett braucht, bis hin zur Vermietung eines Zimmers
in deiner Wohnung – kultiviertes Gastgeben ist eine
tolle Eigenschaft. Und doch werden Menschen sich
ohne großes Zutun von deiner Seite sofort zuhause
fühlen, wenn deine Wohnung darauf ausgerichtet ist.

Mach dir klar, welche Dinge dir selbst die meiste
Freude machen und biete sie deinen Gästen an, auf
diese Art werden sie sich immer herzlich empfangen
und besonders fühlen. Morgenrituale, die in deinem
Haushalt eine besondere Rolle spielen, solltest du unbedingt mit deinen Gästen teilen, egal ob es sich um
frisches Brot oder einen Klecks Eiscreme in deinem
morgendlichen Kaffee handelt.

Als Kinder bekamen wir vor allen Dingen einfache
Dinge zu essen oder zu trinken, aber wenn sie in einem
besonderen Gefäß serviert wurden, zum Beispiel aus

Tante Pattys Porzellan oder Großmutter Lams antikem Teeservice, fühlten wir uns wie die Könige. Niemals werden wir das Gefühl dieser Momente vergessen, und diesen Luxus sollten wir unseren Gästen jeden Alters zuteilwerden lassen. Die einfachsten Rituale können sich regelrecht heilig anfühlen. Wir lieben es, Gäste zu empfangen und die Vorbereitung, die damit einhergeht. Dann haben wir die Möglichkeit, die schönsten Dinge und größten Annehmlichkeiten unseres Zuhauses mit anderen zu teilen, ganz egal, ob es sich um Freunde, Familie oder Fremde handelt.

Für Übernachtungsgäste beginnen wir mit dem Bett. Mache es besonders schön, mit gemütlichen Decken und zusätzlichen Kissen. Halte eine dünnere Decke bereit, für all die, die es nachts kühler mögen. Benetze Bett und Kissen mit Lavendel. Lege ihnen Handtücher ins Zimmer. Du kannst sogar ein Stück Schokolade aufs Kissen legen, damit es sich wirklich anfühlt, als wären sie in den Ferien. Schreibe eine kleine Willkommenskarte mit lieben Worten und deinem Wlan-Passwort. Lege einige Bücher und Magazine heraus, von denen du denkst, dass sie ihnen gefallen könnten.

Wenn du dich gerade so richtig kreativ fühlst, kannst du auch noch ein Briefchen mit einem Stadtplan dazulegen und eine Liste mit deinen Lieblingsorten für ein Bier, eine süße Kleinigkeit oder einen Spaziergang. Eine Karaffe mit Wasser, etwas Erfrischungsspray für das Gesicht, eine Schale für Schmuck, das Portemonnaie oder eine Uhr auf einem Tablett neben dem Bett sind wunderbar, damit sich andere willkommen fühlen. Lass über Nacht stets ein kleines Licht brennen, falls dein Gast nachts auf die Toilette, in die Küche oder an die frische Luft gehen möchte.

Eine wichtige Gastgeberfähigkeit besteht darin, Gästen den Rückzug zu ermöglichen und sie gleichzeitig in den geteilten Bereichen des Hauses willkommen zu heißen. Wir alle haben unterschiedliche Bedürfnisse und Erwartungen. Es ist entscheidend, dass du Gästen gegenüber kommunizierst, wofür du Zeit hast und was du ihnen leider nicht bieten kannst, denn du schaffst nicht nur Platz in deinem Zuhause für sie, du schaffst für den Moment auch Raum in deinem Leben.

Gastgeben kann ganz schön anstrengend sein, aber wir lieben es und tun es entsprechend oft. Und dabei müssen die Gäste gar nicht immer über Nacht bleiben. Auch eine Einladung zum Essen ist ein Liebesdienst. Versuche, die wichtigsten Aspekte im Voraus zu planen. Bereite einen Ort vor, an dem Gäste ihre Taschen und Jacken ablegen können. Stelle eine angenehme Playlist zusammen. Biete eine Käseplatte an und lege Stoffservietten bereit. Stelle sicher, dass deine Gäste Zugang zu Getränken haben. Vielleicht schaffst du auch eine kleine Barsituation, wo sich deine Gäste selbst einen Cocktail machen oder ein Glas Wein einschenken können. Die erfolgreichsten Feste sind jene, bei denen sich jeder gleich zuhause fühlt. Mache es den Menschen einfach, alle Utensilien und Zutaten zu finden, eine Zitrone, ein Glas oder etwas Salz. Das Essen an sich ist im Grunde genommen weniger entscheidend als die eben genannten Aspekte, schließlich sind deine Gäste nicht allein zum Essen gekommen, sondern weil sie Zeit mit dir verbringen möchten.

Stil Ratgeber

Eine Käseplatte anrichten

Eine gute Käseplatte ist eine einfache und stilvolle Art, Gäste zu bewirten, egal ob sie für zwei oder zwölf Personen angerichtet wird. Stelle sicher, dass die unterschiedlichen Elemente in einem ausgeglichenen Verhältnis stehen, ganz so, wie du es auch beim Einrichten eines Zimmers machen würdest. Bringe unterschiedliche Texturen, Farben und Variationen auf deiner Platte zusammen. Stelle sicher, dass deine Platte oder dein Brett auch groß genug ist. Wähle mindestens drei unterschiedliche Käsesorten und schneide die Hartkäse vor. Lege Cracker, Quittenpaste, vielleicht auch eine Wurst dazu. Oliven, saure Gurken, Nüsse, frische und getrocknete Früchte, frisches und eingelegtes Gemüse, und sogar Sardinen können auf deine Platte. Auch eine Tapenade ist immer eine gute Idee. Das Tolle an der Käseplatte ist die Vielfalt. Tobe dich aus.

Eine Tafel gestalten

Wir sind überzeugt davon, dass nicht nur das Essen, sondern auch der Rahmen mit Sorgfalt vorbereitet werden sollte. Wenn du schon Zeit ins Kochen und Anrichten investierst, solltest du dir mindestens ebenso viel Mühe geben, die entsprechende Stimmung zu schaffen, in der die Mahlzeit auch genossen werden kann. Die Größe der Tafel und Teller, die Frage, ob alles rustikal in der Mitte des Tisches oder direkt auf Tellern angerichtet werden soll – all das sind Dinge, mit denen man sich in der Vorbereitung auseinandersetzen sollte.

Von der Mitte nach außen

Ein Tischläufer aus Blättern ist ein einfacher und zeit-
loser Anfang. Lege Eukalyptus oder Olivenbaum-
zweige in die Tischmitte, um Tiefe entstehen zu lassen.
Hier können verschiedene Arten von Pflanzen zum
Einsatz kommen. Wenn die Mahlzeit auf großen
Platten auf dem Tisch angerichtet wird, solltest du
dich vielleicht für einen traditionellen Tischläufer aus
Stoff entscheiden, der ganz und gar flach liegt. Jute
oder Leinenstoffe sind ansprechend, aber auch geo-
metrische Drucke können schön wirken.

Nun zu den Tafelaufsätzen. Stelle sicher, dass sie
niedrig genug sind und deine Gäste sich auch noch
sehen und miteinander unterhalten können. Wenn du
Materialien, die du in der Natur gesammelt hast, verwenden möchtest, sei dir ganz sicher, dass sich darin
keine Insekten mehr befinden! Wir empfehlen immer
viel Grün auf dem Tisch. Farne in Vasen, dazu viel Licht
von Kerzen unterschiedlicher Höhe, denn sie geben
optische Tiefe, ohne dabei zu sehr abzulenken. Wenn du
ein wenig Farbe möchtest, versuche es mit Magnolien,
für mehr Eleganz nimm Silberdollar-Samenhülsen.

Um das Arrangement zu komplettieren, kannst du
noch einen Kräuterzweig um die Servietten wickeln
und einen Stein sowie eine handgeschriebene Karte
auf die Teller legen.

Echte Gastfreundschaft kann subtil sein, aber wenn
man es richtig anstellt, fühlen sich die Gäste sofort
zuhause. So funktioniert gute Gastgeberschaft. Guten
Gastgebern gelingt es, dich zu verwöhnen, ohne dass
es anstrengend wirkt. Sie haben alles im Griff, von
der Lebensmittelallergie bis hin zum Lieblingsgetränk
ihrer Gäste. Sie nehmen dir an der Tür die Jacke ab,
zeigen dir sofort, wo sich das Bad befindet, sie spielen
gute Musik und haben ausreichend Snacks und Er-

frischungen parat. Das ganze Haus duftet wunderbar und lädt zum Verweilen ein. Ausreichend Snacks stellen sicher, dass du satt wirst, dich gut amüsierst und dich wohlfühlst. Niemand kann dich dazu zwingen, gut mit anderen Menschen auszukommen, aber wenn dein Gastgeber aufmerksam und freundlich ist, sind es seine Freunde wahrscheinlich auch. Im besten Fall möchte am Ende des Abends keiner mehr nach Hause gehen.

Das Geheimnis besteht darin, seine Gäste so zu behandeln, als gehörten sie zur Familie. Schließlich sind sie in deinem Zuhause, und das bedeutet, dass sie tatsächlich quasi dazugehören.

Den Tisch decken

Vergisst du auch immer, wo das Besteck, die Wein- und die Wassergläser hingehören? Hier nochmal zum Merken:

— Gabeln liegen links vom Teller (Salatgabeln links neben der Gabel für das Hauptgericht)

— Messer liegen rechts vom Teller
   (mit der Schneide zum Teller gewandt)

— Löffel liegen rechts vom Messer

— Wassergläser stehen am oberen Ende des Messers

— Weingläser stehen links vom Wasserglas

Finde Deinen Raum, arbeite Dich sorgsam
daran ab, widme ihm all Deine Aufmerksamkeit, und gib dabei Dein Bestes. So könntest
Du tatsächlich die Welt verändern.

Charles Eames

Wir reisen häufig. Wir sind eigentlich ständig in Bewegung. Also suchen wir stets nach Dingen, die uns
erden und uns ein Gefühl von einem Zuhause geben.
Wenn wir eine Ferienwohnung mieten, versuchen wir,
sie zu unserem Zuhause zu machen, indem wir Kleinigkeiten aus der Natur mit hineinbringen und Essen und
Snacks in Schalen anrichten. Wenn wir campen gehen,
nehmen wir unsere Lieblingsdecke mit, bauen uns
draußen eine improvisierte Küche auf und benutzen
Werkzeuge, die wir auch im Alltag verwenden. Wenn
wir einige Tage mit dem Auto unterwegs sind, pflücken
wir ein paar Blumen. Wir stecken sie in Weckgläser
und stellen diese improvisierte Vase in den Getränke-
halter des Autos.

Unser Stil folgt uns an jeden Ort, denn man kann
kreativ und achtsam sein, wo immer man hingeht.
Du kannst jeden Ort zu deinem Zuhause machen.
Und das solltest du auch. Es wird dir in Fleisch und
Blut übergehen. Je länger du dich mit der Gestaltung
deiner Räume beschäftigst, umso mehr wird dir auffallen, dass du diese Prinzipien kaum noch ablegen
kannst. Es ist dann gar nicht so einfach, damit aufzu-
hören, weil du feststellst, was für einen Unterschied
das im täglichen Leben macht. Du beginnst, dich nach

gutem Stil zu sehen, wo auch immer du hingehst. Du beginnst, danach zu suchen. Du beginnst zu bemerken, was andere Menschen, andere Orte tun, um ein bestimmtes Gefühl oder eine Stimmung zu erzeugen, die du dir für dein Zuhause ebenfalls wünschst. Du wirst anfangen, darauf zu achten, was deine Sinne wahrnehmen. Du wirst jedes Detail bemerken.

Der Ausdruck dessen, was und wer du bist, ist nicht allein an deine Wohn- und Arbeitsstätte gebunden: auch unterwegs kannst du der Welt ein Gefühl davon vermitteln. Vom Stift bis hin zur Schatulle für Visitenkarten oder deinem Notizbuch, in das du deine Ideen und Beobachtungen schreibst – jedes dieser Dinge erinnert uns daran, dass Achtsamkeit sich immer lohnt. Jedes Mal, wenn du nicht zuhause sein kannst, solltest du dir etwas mitnehmen, das dich erdet. Wir mögen es, unseren Schmuck in einem hübschen Täschchen dabeizuhaben und unser Schweizer Taschenmesser in unserer alten Reisetasche aus Leder bei uns zu tragen. Unsere Dinge sollen zu und von uns sprechen. Uns daran erinnern, wer wir sind und anderen zeigen, was uns wichtig ist.

DQ: Ich achte bei allem, was ich kaufe, auf gutes Design oder wenigstens ein gutes Gefühl, am liebsten aber gleich beides. Wenn ich reise, sehe ich nicht ein, darauf zu verzichten. Wenn ich an einem neuen Ort bin, einem Ort, der mir nicht vertraut ist, gibt es mir ein gutes Gefühl, Dinge dabeizuhaben, die ich für mein gutes Gefühl brauche. Und während ich auch mit wenig zufrieden sein kann, nehme ich doch einige ganz bestimmte Dinge mit, wenn ich mich auf Reisen begebe. Ich versuche, vorauszuplanen und mir vorzustellen, was ich auf jedem Abschnitt meiner Reise brauchen könnte. Ich mag es, vorbereitet zu sein, nicht bloß auf mögliche Abenteuer, sondern eigentlich auf jede unerwartete Begegnung. Für den Fall, dass plötzlich eine handgeschriebene Karte angebracht erscheint, habe ich extra einige Kärtchen dabei.

SF: Ich selbst nehme meinen Stil überallhin mit. Ich tue das nicht bewusst. Styling, Fotografie und überhaupt gewohnheitsmäßige Aufmerksamkeit begleiten mich schon so lange, und Kleinigkeiten sind mir schon immer unheimlich wichtig gewesen. Ich liebe das Gefühl, das damit einhergeht, wenn man auf das Detail achtet. Man beginnt, der ganzen Welt mehr Liebe und Aufmerksamkeit entgegenzubringen, und ich empfinde das als wunderbar stimulierend. So bin ich ständig inspiriert und herausgefordert, ich lerne und ich passe mich an. Manchmal denke ich, je mehr man von der Welt sieht, desto mehr möchte man noch sehen. Und während ich das tue, entwickelt sich auch mein Stil. Ich trage jene Dinge bei mir, die mich daran erinnern, was mir am wichtigsten ist. Wenn ich beginne, einen Raum zu gestalten, geht es nicht mehr bloß um den Raum. Es geht um die Menschen, die ihn bewohnen. Ich denke darüber nach, welchen Zweck er erfüllen soll. Es geht ums Teilen, ums Kultivieren und ums Wachsen. Ich möchte diese Herangehensweise überallhin mitnehmen.

Wenn du immer Gegenstände bei dir hast, die dir etwas bedeuten, zeigst du damit auch, dass dir wichtig ist, was du benutzt, dass dir die eigene Identität genauso am Herzen liegt wie die Gestaltung der Welt um dich herum. Das ist mutig, souverän, wichtig und eine klare Ansage. Ja, wir könnten alle etwas reduzierter leben, uns auf das Minimum beschränken – nun, vielleicht auch nicht alle von uns. Dennoch ist das nicht immer die beste oder nachhaltigste Art zu leben. Wir tragen unsere Wasserflaschen und unsere liebsten Stoffbeutel nicht einfach nur mit uns herum, weil sie schöner aussehen, sondern auch, weil sie der Umwelt weniger schaden, wenn wir auf Reisen sind – selbst wenn es nur für einen Tag in der Stadt ist.

Diese Welt ist ein schöner Ort. Ein schönes Chaos. Wir nehmen all jene Dinge mit, von denen wir glauben, dass sie sie noch schöner machen werden. Wir versuchen, mehr Schönheit in die Welt zu bringen.

Zehn wesentliche Reiseutensilien

1. **Isolierte Wasserflasche** – von heißem Kaffee bis hin zu Eistee, am Tag oder am Abend, eine solche Flasche ist immer ein Stück Komfort.

2. **Ein Stift, ein Notizbuch, darin eine Postkarte** – für den perfekten Gastgeber, eine neue Freundin oder freundliche Erinnerungen für uns selbst.

3. **Türkisches Hamam-Tuch oder ein extra langer Schal** – für Tage am Strand, lange Nächte und als improvisierte Decke in Flugzeugen, Zügen und Autos.

4. **Biologisch abbaubare Feuchttücher** – unterschätze nie die Wohltat eines feuchten Tuches für das Gesicht.

5. **Eine faltbare Jutetasche** – für den Markt, unerwartete Mitbringsel und natürlich das Sammeln in der Natur.

6. **Ohrenstöpsel und eine Schlafmaske** – ungestörter Schlaf ist der beste Schlaf.

7. **Taschentuch** – für unerwartete Kleckereien und guten Stil (binde es dir um das Handgelenk oder den Hals, nutze es als Einstecktuch, oder stecke es locker in die Tasche).

8. **Ein Multiwerkzeug an einem Karabiner** – damit du stets vorbereitet bist (selbst wenn es bloß darum geht, eine Flasche Bier aufzumachen).

9. **Ein ZipLock Beutel** – für kleine Andenken, Pässe und alles andere, was sonst leicht verloren geht.

10. **Ein hübsches Namensschild mit Kontaktadresse an deiner Tasche** – denn egal wie gut du vorbereitet bist: Dinge gehen schon mal verloren. Stelle sicher, dass du auch eine Liste von Nummern, Adressen und eine Kopie aller wichtigen Dokumente in deinem Notizbuch aufbewahrst.

**Es kommt ein Moment im Leben,
in dem die Schönheit der Welt an sich
bereits genug ist.**

———

Toni Morrison

Schlusswort

Du solltest die Geschichten wahrnehmen, die anhand
der Gegenstände um dich herum Gestalt annehmen,
und denen du nun mit Achtsamkeit begegnest. Dein
Stil sollte sich mit einer guten Absicht verbinden. Achtsamkeit und Kreativität nehmen hoffentlich immer
mehr Raum in deinem Zuhause ein. Schönheit ist ein
Zündstoff. Und wenn du noch besser werden möchtest,
gib dir noch mehr Mühe, lass den Blick noch weiter
schweifen.

Dein Haus erzählt viel über dich, aber du entwickelst
dich auch stets weiter. Dein Zuhause ist ein Ort, an dem
Wachstum, Ideen, Veränderung und Schönheit frucht-
baren Boden finden. Es soll nähren, beim Wiederauf-
tanken helfen und Schutz bieten. Es ist eine Schatz-
kammer aus Augenblicken, Geschichten und Dingen.

Die aktive Suche nach all dem, was dich innehalten
lässt und dich glücklich macht, bringt dich auf den
Weg zu einem erfüllteren Leben. Wenn du immer daran
denkst, den Blick schweifen zu lassen, dich immer
weiter einzubringen, wird dein Zuhause ganz sicher
jede deiner Mühen widerspiegeln. Ein kreatives und
achtsames Leben beginnt mit Aufmerksamkeit und
Einfühlsamkeit. Wenn du dich einmal mit jedem Winkel
deines Zuhauses beschäftigt hast, wird diese neue Ein-
stellung schon bald auch jeden Winkel deines Lebens
füllen. Während du noch deinen Stil findest, während
du dir die Zeit nimmst festzustellen, was fehlt, während
du deine Räume langsam, aber sicher mit Dingen füllst,
die dir etwas bedeuten, hoffen wir, dass du Freude und
Dankbarkeit für die Schönheit empfindest, die du so
in deine vier Wände bringst. Stil braucht etwas Übung.
Übe weiter. Sei geduldig. Sei aufmerksam. *Prutse.*

Inspiration

Bücher

Big Magic. Nimm dein Leben in die Hand und es wird dir gelingen. Elizabeth Gilbert (Fischer 2015)

Cabin Porn. Steven Leckart und Zach Klein (Penguin 2016)

Do Design. Warum das Schöne wichtig ist. Alan Moore (Tempo 2018)

NaturLiebe: Deko-Ideen aus Holz, Beton, Leder, Kork & Co. zum Selbermachen. Rebecca Wallenta (DVA 2017)

Sammeln, Finden, Schönes schaffen: Nimm die Natur mit in dein Zuhause. Pia Krøyer, Christina B. Kjeldsen (Jan Thorbecke Verlag 2019)

Hygge. Wie dänische Gemütlichkeit dein Leben glücklicher macht. Jonny Jackson, Elias Larsen (arsEdition 2017)

Frauen und Kleider. Was wir tragen, was wir sind. Sheila Heiti (Fischer 2015)

Playlists

Besuche Soundcloud und die Playlist von Wild Habit soundcloud.com/wildhabit/sets

Die Autorinnen

Sue Fan ist Fotografin und Stylistin. Der Sinn des Lebens besteht für sie darin, so viel wie möglich von dem, was um sie herum geschieht, in sich aufzunehmen. Einen großen Teil ihrer Zeit verbringt sie damit, mit ihren zwei Hunden draußen herumzustromern. Den Rest verbringt sie in den unterschiedlichsten Ecken dieser Welt, wo sie Schönes entdeckt und schafft.

Danielle Quigley ist Fotografin und Designerin, die mit ihrem Mann, ihrem Sohn und einem großen Hund im Süden Kaliforniens lebt, wo sie sich mit der Frage beschäftigt, wie das Leben noch voller, wilder und schöner gemacht werden kann. Sie liebt Kontraste, wie den zwischen Glitter und Bäumen.

Gemeinsam haben Sue und Danielle Wild Habit gegründet, eine Marke für Lifestyle, Schmuck und Räume, deren Design sich an der Natur orientiert, mit dem Ziel, die Schönheit dieser Welt zu teilen und dabei stets die Umwelt zu achten. Gemeinsam haben sie ihr Konzept für Firmen, Restaurants, Ateliers und private Kunden lebendig werden lassen, und die Do-Lectures in Wales und den USA gestalterisch betreut.

Auf Instagram sind sie zu finden unter:
@suefan @dquigley @wildhabit

Die Übersetzerin

Sabine Kray übersetzt aus dem Englischen und ist Autorin. Bei Hoffmann und Campe erschien ihr Sachbuch *Freiheit von der Pille* (2017).

Danksagung

Wir danken der Wildnis – die uns unendliche Inspiration und größte Quelle der Freude ist.

Wir danken auch all den tollen Menschen, die dieses Buch mit den Bildern ihrer Räume erst zum Leben erweckt haben:

Bruna und Andrew von The Barn in Tivoli (@thebarnintivoli), New York – für Eure Großzügigkeit und Liebenswürdigkeit und dafür, dass wir Euren wunderbaren Ort auf so vielen Seiten dieses Buches zeigen durften.

Mimi und Richard vom Made in Ghent (@madeinghent), New York – dafür, dass Ihr uns gezeigt habt, wie Schönheit, Nachhaltigkeit und Leidenschaft zu vereinbaren sind.

Ariele Alasko (@arielealasko) – für Deine Verbundenheit, dafür, dass Du Deine wunderbare Kunst und Inspiration mit uns geteilt hast.

Christian Harder (@christianharder), Jeska und Dean Hearne (@thefuturekept), John David Becker (@johndavidbecker) Damien Noble Andrews (@nobleandrews) und Helena Price (@helenadagmar) – für Eure unvergleichlichen Fähigkeiten, wenn es darum geht, Schönheit einzufangen, und für Eure Bereitschaft, sie zu teilen.

Miranda West – für Deine Beratung, Deine Stimme und Deinen Willen zur Auseinandersetzung.

Die Hieatts – dafür, dass Kreativität regelrecht von Euch abstrahlt, für Eure Wertschätzung und dafür, dass Ihr Euren Zauber mit uns teilt.

Anja Dunk – dafür, dass Du uns eine unerschöpfliche Quelle der Inspiration und Ermutigung bist, und weil Du einer der Gründe bist, weswegen wir immer wieder nach Wales zurückkehren, ja, uns regelrecht verliebt haben in dieses Land. Und uns auf die schicksalhafte Beziehung mit Do eingelassen haben.

Dank gebührt natürlich auch dem Rest der Do-Familie, dafür, dass ihr uns stets füttert, inspiriert und uns beibringt, immer besser zu werden im Tun.

Sue

Ich danke DQ – dafür, dass sie dem Wilden in mir Nahrung gegeben hat.

Natürlich danke ich meiner Familie – dafür, dass sie mir immer wieder ihre Selbstlosigkeit zeigt und mir vor Augen führt, dass die Liebe im Detail liegt.

Ich danke JB – dafür, dass Du mich stets vorantreibst und ein Leben mit mir teilst, das uns festen Stand in den Wolken bietet. Unsere Wurzeln liegen in den Sternen.

Danielle

Ich danke Alex Karlsen – du bist unerschütterlich in Deiner Unterstützung meiner wilden Gewohnheiten. Ich danke Dir, dass Du inmitten von Stöcken und Steinen lebst, dafür, dass Du mir all die Dinge gibst, von denen ich nicht einmal wusste, dass ich sie brauche, und für Deine stetige Geduld, Deine Weisheit und die Ermunterung, die Du mir zuteilwerden lässt.

Ich danke Sue Fan – die mir Freundin, Geschäftspartnerin, Co-Autorin ist und dabei so viel Hingabe, Integrität und Besonnenheit an den Tag legt. Ich werde niemals müde werden, mit Dir draußen zu spielen und schöne Dinge zu basteln.

Ich danke Kim und Dan Quigley und Nicole Finnegan dafür, dass sie die Schönheit in den allerkleinsten Dingen suchen und die großen Dinge nicht für selbstverständlich halten.

»Wer immer tut, was er schon kann, bleibt immer das, was er schon ist.«
Henry Ford

BE~STIMMUNG/ Warum Marken mit Sinn den Unterschied machen *David Hieatt*	DESIGN/ Warum das Schöne wichtig ist *Alan Moore*	STORY/ Wie man eine Geschichte richtig erzählt *Bobette Buster*

David Hieatt
Bestimmung
Warum Marken mit Sinn den Unter-schied machen

Aus dem Englischen von Anabelle Assaf

Broschiert,
160 Seiten
ISBN 978-3-455-00427-4
Tempo Verlag

Alan Moore
Design
Warum das Schöne wichtig ist

Aus dem Englischen von Cornelius Reiber

Broschiert,
128 Seiten
ISBN 978-3-455-00425-0
Tempo Verlag

Bobette Buster
Story
Wie man eine Geschichte richtig erzählt

Aus dem Englischen von Tino Hanekamp

Broschiert,
128 Seiten
ISBN 978-3-455-00426-7
Tempo Verlag